Tobias Gebler

Die Freunde des Alten

Ein Lustspiel in drei Aufzügen

Tobias Gebler

Die Freunde des Alten
Ein Lustspiel in drei Aufzügen

ISBN/EAN: 9783743415010

Hergestellt in Europa, USA, Kanada, Australien, Japan

Cover: Foto ©ninafisch / pixelio.de

Manufactured and distributed by brebook publishing software (www.brebook.com)

Tobias Gebler

Die Freunde des Alten

Die Freunde des Alten,
oder:
Vormals waren gute Zeiten.

Ein Lustspiel
in drey Aufzügen.

WIEN,
gedruckt bey Joh. Thom. Edlen von Trattnern,
kaiserl. königl. Hofbuchdruckern und Buchhändlern.
1770.

Personen.

Herr von Ohlden.

Fräulein Gertrud, Schwester des von Ohlden.

Fräulein Karoline, Tochter des von Ohlden.

Herr von Siegheim, Karolinens Liebhaber.

Herr von Laffeld, Liebhaber des Fräuleins Gertrud.

Herr von Laffeld der ältere, dessen Vater.

Doktor von Pillendorf.

Herr Belton, ein Kaufmann, in dessen Hause die Ohldische Familie wohnet.

Kathrine, Kammerjungfer der beyden Fräulein.

Kasper, des jungen von Läffeld Bedienter.

Des jungen von Ohlden geschiehet zwar Meldung, er erscheinet aber nicht.

Schauspiele sollen nicht allein belustigen, sondern auch unterrichten. In geschickter Verbindung beyder Stücke, bestehet die Vollkommenheit eines Drama: wie schwer ist sie aber zu erreichen! Der Verfasser des Prädikats, und der Freunde des Alten, darf sich eines so seltenen Glückes nicht schmeicheln. Inzwischen wird man ihm die Gerechtigkeit wiederfahren lassen, daß er nach diesem Endzwecke gearbeitet hat. Kenner werden auch einsehen, daß es besonders nicht leicht war, den für gegenwärtiges Lustspiel ausgewählten Karakter, in eine

Theatralhandlung zu verweben. Warum wagte sich der Verfasser daran? — Weil er glaubte, seinen Mitbürgern, durch Bestreitung eines für den Staat, und sie selbst, schädlichen Vorurtheils, einen Dienst zu leisten. Diese Absicht, und die wenige Zeit, welche er auf dergleichen, ihm zur Erholung von wichtigern Geschäften dienende Nebenarbeiten, verwenden kann, müßen die Fehler des Plans und der Ausführung, vielleicht auch des Dialogs, entschuldigen.

Erster Aufzug.

Erster Auftritt.

Ein Vorzimmer in der von Ohldischen Wohnung.
Fräulein Gertrud, Kathrine.

Fräulein Gertrud. (sitzend, nimmt Schokolate, Kathrine steht neben ihr) Ich sage dir, Kathrine! ich kenne Wien nicht mehr. Alle guten Gebräuche kommen ab. Noch kein Jahr habe ich zu meinem Namenstage so wenig Visiten empfangen.

Kathrine. Ich ärgere mich selbst darüber. Um unsere Mühe ist mir leid. Alle Fußböden gewichst; Spiegel, Hängleuchter geputzt; von den damastnen Seßeln die Decken abgezogen. Und hernach — wer kömmt? Frau von Prangdorf, mit ihren Töchtern; Fräulein Steiff; die beyden Laffelde; Herr von Siegheim; Doktor Pillendorf; der Kaufmann Belton, unser Hausherr; Gesichter, die wir alle Tage sehen! Herr von Siegheim hatte nicht einmal sein reiches Galakleid an.

Fräulein Gertrud. Ja, der ist eben der Erzfeind von guten Gebräuchen. Ein völliger Neuling. Ich glaube, ohne den vorgestrigen Diskurs hätte er gar auf meinen Namenstag vergessen.

Kathrine. Eure Gnaden wiederholten etlichemal laut genug: Nun! ich will sehen, wer mir zu meinem Namenstag die schönste Gala machen wird! Der junge Laffeld hat sichs besser gemerkt. Was für ein prächtiges Kleid!

Fräulein Gertrud. Hast du die Aufschreibliste, Kathrine?

Kathrine. Hier ist sie. Aber, wie leer? kaum eine Seite voll.

Fräulein Gertrud. Die Bedienten werden das Papier zu spät hinaus gelegt haben. Viele Leute schicken am Vorabend.

Kathrine. Daran hat es nicht 'gefehlt. Der Bogen lag schon vorgestern früh im Vorhaus.

Fräulein Gertrud. Nun, das ist erschrecklich! so kömmt so gar das Aufschreiben ab? Ich will doch die Namen lesen: (Sie nimmt das Papier aus Kathrinens Händen) gleich oben stehen die Laffelde und Pillendorf. Alle drey eigenhändig. Da sieht man, wer zu leben weiß.

Kathrine. Diese Herren waren ja in Person hier. Sie hätten nicht nöthig gehabt, sich aufzuschreiben.

Fräulein Gertrud. Das verstehst du nicht. Wenn man recht galant ist, thut man beydes. (Sie liest weiter) Baroneßin Faum, Frau von Häberling. Nun! die hätte mir wohl aufwarten können. Ihr Mann steht im Rang unter meinem Bruder.

Kathrine. Mich wundert nur, daß die Haselstaudin nicht hier gewesen ist.

Fräulein Gertrud. Der vergeb ich es. Sie heißt auch Gertrud. Personen, die gleichen Namen führen, besuchen einander nicht; jede empfängt selbst Visiten: ausser, der Stand wäre sehr unterschieden. Alles hat seine Regeln, Kathrine!

Kathrine. Das sagte auch meine vorige Frau. Blos wegen des Sitzens auf dem Sopha, brauche es einen Unterricht von einem halben Tag, um keinen Fehler zu begehen.

Fräulein Gertrud. Nimm die Liste zurück. Ich mag nicht weiter lesen, ich ärgerte mich zu sehr. Wenn ich an die vorigen Zeiten denke! da war ein ganzer Bogen, vierfach gebrochen, nicht genug. Und Visiten! die ganze Straße voll Wägen. Sechs Fackeln giengen in einem Abend, beym hinunter leuchten, darauf.

Kathrine. Es müßen doch vormals gute Zeiten gewesen seyn. Der gnädige Herr, Doktor Pillendorf, der alte Laffeld, wenn sie beysammen sind, reden von nichts andern. Siegheim ärgert sie oft, wenn er die neuen Einrichtungen lobt.

Fräulein Gertrud. Nenne mir den verhaßten Namen nicht mehr! Er, und seine Karoline, sind mir gleich zuwider.

Kathrine. Eure Gnaden lobten ihn doch vormals.

Fräulein Gertrud. Es ist wahr, ich konnte ihn sonst leiden. Allein, seitdem Karoline aus dem Kloster gekommen ist, finde ich ihn ganz umgekehrt. Er hört und sieht nichts, ausser dem Mädchen.

Kathrine. Ich glaube, meiner Treue, blos darum, weil Fräulein Karoline zur neuesten Zeit gehöret.

Fräulein Gertrud. Hm.... es ist noch nicht ausgemacht, daß sie einander bekommen werden. Ich weiß einen andern Liebhaber, einen gesetzten Mann, der sich besser für das junge Ding schickt.

Kathrine. Gewiß, unser alter Doktor Pillendorf! so oft er Fräulein Karoline sieht, hält er die genaueste Nachfrage um ihre Gesundheit. Er schaut ihr in die Augen. Er fühlt ihr den Puls. Einen Arm nach dem andern. Und wie langsam! mit was für Blicken!

Fräulein Gertrud. (im Aufstehen) Jetzt habe ich nicht länger Zeit, mit dir zu reden. Ich bin heute noch nicht bey meinem Bruder gewesen.

Zweyter Auftritt.

Kathrine, Fräulein Karoline.

Kathrine. Sie kann es Karolinen nicht verzeihen, daß Siegheim achtzehnjährige Reitzungen schöner findet, als ihre. Zur Strafe,
soll

soll die Nichte einen alten Gecken heurathen. Da kömmt sie eben. Ha! ich gratulire, gnädiges Fräulein! zu dem vortrefflichen Bräutigam, den Ihnen die liebe Tante bestimmt. Sie müßen sich bey ihr bedanken.

Fräulein Karoline. Was hast du wieder für einen närrischen Einfall, Mädchen?

Kathrine. Ich scherze nicht, meine künftige gnädige Frau von Pillendorf! ha, ha, ha, der wunderschöne Namen!

Fräulein Karoline. Pillendorf! den gönnte mir freylich die Tante lieber, als Siegheimen. Du sagst mir nichts Neues, Kathrine! Ich merke schon lang, daß zwischen ihr, und dem Alten, ein geheimes Einverständniß ist. Allein, zum Glück hat nicht Tante Gertrud, sondern mein Vater, über mich zu befehlen. Der wird Siegheim sein Wort nicht brechen.

Kathrine. Verlaßen Sie sich nicht zu sehr darauf. Der gnädige Herr liebt Eure Gnaden, als seine einzige Tochter; er läßt sich aber nur gar zu leicht von andern Leuten regieren. Die beyden Laffelde fürchte ich mehr, als die Tante. Es steckt etwas unter der Decke; doch ich hoffe dahinter zu kommen.

Fräulein Karoline. Du irrst dich Kathrine! der junge Laffeld ist ja mit meiner Tante so gut als versprochen. Ihm kann gleichgültig seyn, ob ich Siegheim, oder einen andern heurathe. Und der alte Laffeld! Nun, der ist zwar ein falscher Mann; vielleicht auch Siegheims Feind. Allein, was
kann

kann er ihm schaden? Mein Vater schätzt Siegheims Verdienste. Er liebt in ihm den Sohn seines vormaligen besten Freundes.

Kathrine. Aber Herr von Siegheim macht den gnädigen Herrn oft unwillig, wenn er so gar heftig die Parthey des Neuen nimmt. Da giebts hernach eigennützige Leute, die das Feuer anblasen. Ich glaube immer, der alte Laffeld möchte gern Eure Gnaden seinem Sohn zuschanzen, seitdem Sie ihr Onkel, der Oberste, zur Erbin eingesetzt hat.

Fräulein Karoline. Es ist wahr, seit jener Zeit bezeigen sie weit mehr Achtung für mich. Der Alte macht sich oft mit mir etwas zu thun. Der Junge drückt mir die Hand; sieht mich dabey verliebt an; schmeichelt meinem Vater ganz ausserordentlich. Ich habe schon darüber Betrachtungen gemacht, doch es wieder aus dem Sinne geschlagen. Nunmehr fange ich im Ernst an, Argwohn zu schöpfen.

Kathrine. Ha, ha, ha, Tante Gertrud sollte das merken! Herr von Siegheim, der ihr nie etwas schönes vorgesagt hat, steht blos deswegen in Ungnade, weil seine Wahl auf die Nichte gefallen ist. Wenn vollends der junge Laffeld sich für Eurer Gnaden Liebhaber erklärte! Er, von dem sie glaubt, angebetet zu seyn! die gute Tante gerieth. ausser sich.

Fräulein Karoline. Mir ist nicht zum lachen. Ich bitte dich Kathrine! ich beschwöre dich, um alles in der Welt. Gieb auf die

Laf=

Laffelde, gieb auf die Tante, gieb auf jeden Schritt acht, der im Hause geschiehet! Siegheim, und ich, werden es auch thun. Ich erwarte ihn diesen Vormittag. Deswegen kam ich hieher. Er sollte schon da seyn.

Kathrine. Ich höre im Vorhause gehen. Vielleicht ist er es.

(gehet ab.)

Dritter Auftritt.

Fräulein Karoline allein.

Wie unglücklich wäre ich, wenn ich Siegheim verlöre! Nein, ihn, oder keinen andern! der Schluß ist gefaßt.

Vierter Auftritt.

Fräulein Karoline, Herr von Siegheim.

Siegheim. Tausendmal um Vergebung, meine Theuerste! (er küßt ihr die Hand) daß ich so spät komme. Ich glaube, alles hatte sich verschworen, mich unterwegs aufzuhalten. Noch auf der Treppe begegnete mir Herr Belton. Der war dazu ein übler Bote.

Fräulein Karoline. Ein übler Bote! was sagte er Ihnen?

Siegheim. Daß Herr von Ohlden gestern sich habe verlauten laßen: Ich weiß nicht,

nicht, ob ich Siegheim noch meine Tochter gebe. Die Ursache ist von ihm nicht heraus zu bringen gewesen.

  Fräulein Karoline. Ach! liebster Siegheim! ich errathe sie nur gar zu wohl. Sie haben heimliche Feinde. Sie haben Nebenbuhler. Gefährlichere, als der gute alte Pillendorf, über den wir oft lachen. Der geht wenigstens seinen geraden Weg. Aber die Laffelde, die fürchte ich. Schon seit einiger Zeit kam mir ihr Betragen verdächtig vor; jetzo fängt auch Kathrine an, etwas zu merken. Wahr ists, daß sie viel wagen, wenn Tante Gertrud das geringste wahrnimmt. Allein, sie sind so listig, daß sie die Tante selbst, wider Willen, zu ihren Absichten gebrauchen können.

  Siegheim. Was für eine Uebereinstimmung unserer Gedanken! Eben diese Entdeckung habe ich gemacht. Bisher waren es nur Muthmaßungen; jetzo werden sie zur Gewisheit. Sie kennen den einfältigen Bedienten des jungen Laffeld. Dem ist gestern gegen meinen entwischt: Sein Herr, und der alte Laffeld hätten große Anschläge im Kopf. Gewisse Leute würden die gefopten seyn. Damit zielte er unfehlbar auf mich.

  Fräulein Karoline. Ich werde Kathrinen auftragen, daß sie mehr von ihm heraus zubringen sucht. Der gute Mensch ist sterblich in das Mädchen verliebt. Aber eines, Siegheim, thun sie mir zu gefallen! Nehmen sie
sich

sich mit meinem Vater besser in Acht. Wi=
dersprechen sie nicht so oft seinen Meinungen.
Er legt sie doch nicht ab. Sie machen ihn nur
unwillig.

Siegheim. Sie haben recht, ich gestehe
meinen Fehler. Schon oft habe ich mir vor=
genommen still zu schweigen, wenn Herr von
Ohlden über die neuen Einrichtungen schmälet.
Ich kenne sein gutes Herz, und die Macht der
Vorurtheile. Allein, wenn der alte Laffeld sich
in die Unterredung mengt; wenn der, aus
Schmeicheley, über Dinge, die er zu anderer
Zeit selbst gebilliget hat, mit losziehet; wenn
er den nützlichsten Anstalten verborgene, ge=
häßige Absichten andichtet: da verliere ich die
Gedult.

Fräulein Karoline. Ich begreife gar
wohl, daß es Ihnen Mühe kosten wird. Ihr
redlicher, offenherziger Karakter, und das
tückische Gemüth des alten Laffeld, stehen einan=
der allzusehr entgegen. (zärtlich) Allein, mir
zu lieb! um unsers gemeinschaftlichen Besten
willen! Wenn sie daran denken — Siegheim!
kann Ihnen etwas zu schwer fallen?

Siegheim. (küßt ihr die Hand) Nein!
Englische Karoline! nichts, nichts ist mir zu
schwer. Nur darf Laffeld das nicht angrei=
fen, was mir das schätzbarste auf der Welt
ist. Kann ich wohl mit Gelassenheit anhö=
ren, wenn er etwas an Ihnen tadelt? wenn
er sich darüber aufhält, daß Sie mehr als
Putz und Karten verstehen; daß sie gute
Schrift=

Schriftsteller lesen! Wenn er Herr von Ohl=
den, ich weiß nicht was für eine Furcht bey=
bringen will?

Fräulein Karoline. O! laſſen Sie den
Boshaften reden. Mein Vater kennt mich al=
zugut. Aber Sie — wurden geſtern ein
Freygeiſt geſcholten, weil Sie geſagt hatten,
daß, durch die neuen weiſen Geſetze, vielen
alten Weibern, die man ſonſt als Hexen ver=
brannt hätte, das Leben gerettet worden ſey.

Siegheim. Ein vortrefflicher Schluß!

Fünfter Auftritt.

Kathrine, und die Vorigen.

Kathrine (zur Thüre hinein) Ich höre
Doktor Pillendorf die Treppe herauf kom=
men.

Siegheim. Dem muß ich Platz machen,
damit er ſich nach den Geſundsheitsumſtän=
den erkundigen kann. Ich werde indeſſen der
Tante, und Herrn von Ohlden aufwarten.

Fräulein Karoline (lächelnd) Das nen=
ne ich Gefälligkeit: Abtreten, wenn der
Nebenbuhler erſcheinet!

Sechster Auftritt.

Fräulein Karoline, Doktor von Pillendorf.

Pillendorf. Ist es erlaubt herein zu treten, gnädiges Fräulein?

Fräulein Karoline. Dem Doktor steht der Zutritt zu allen Stunden frey. Besonders Ihnen, mein Herr von Pillendorf, als einem Freund vom Hause.

Pillendorf. Allzu gnädig. Haben Eure Gnaden wohl geruhet? wie stehts mit der theuern Gesundheit?

Fräulein Karoline. Ich habe ganz wohl geschlafen, und befinde mich vollkommen gut.

Pillendorf. Das freut mich von Herzen. (Er tritt näher zu ihr und sieht ihr in die Augen) Eure Gnaden haben auch recht frische Augen. Wie feurig! und dabey wie holdselig! wie lieblich! (lächelnd) aber gefährlich für andere!

Fräulein Karoline. Ich will doch nicht hoffen, daß ich Basilisken Augen habe.

Pillendorf. Ey, bewahre der Himmel! ich rede nicht in physikalischem Verstande. Eure Gnaden verstehen mich schon. Kann ich nicht auch die Zunge ein wenig betrachten?

Fräulein Karoline. Ich habe ja kein Fieber! Wenn Sie alles so genau untersuchen wollen, werden wir nicht fertig werden.

Pil=

Pillendorf. Mit Eurer Gnaden unter=
sucht man gern. Doch wenigstens muß ich
den Puls greifen.)

Fräulein Karoline. Das thun Sie mei=
netwegen. (Sie reicht ihm den rechten Arm.)

Pillendorf. (Nach einer Pause, wobey er
Fräulein Karoline sehr freundlich ansieht) Eins,
zwey, drey, vier, fünf, sechs. Vortref=
lich. Nicht zu langsam, nicht zu geschwind.
Nicht angespannt, recht in seinem natürli=
chen Gang. Nun auch den linken Arm.

Fräulein Karoline. Ist nicht einer ge=
nug?

Pillendorf. Um mehrerer Sicherheit wil=
len (Nach einem kleinen Stillschweigen) Sehr gut.
Nur ein wenig zu voll. Sie sollten ader=
laßen, mein gnädiges Fräulein. Ich habe
es schon oft gesagt.

Fräulein Karoline. Wenn mir aber nichts
fehlt.

Pillendorf. Ja ja, das ist die Sprache
der Neuen! Nehmen Eure Gnaden nicht
wenigstens zuweilen einige Tropfen von mei=
ner Goldtinktur, wenn Sie einen schwa=
chen Magen haben, oder Ihnen sonst et=
was fehlt?

Fräulein Karoline. Die Flasche steht
noch unaufgemacht in meinem Schlafzimmer.
Wenn mir nicht wohl ist, halte ich mich ru=
hig, oder ich brauche die Hungerkur; da
gehts bald wieder vorüber.

Pil=

Pillendorf. Das glaubt man nur ſo. Ohne Arzney kann der Menſch nicht geſund werden; nicht einmal geſund bleiben. Wenn Eure Gnaden recht krank werden ſollten, da würden Sie ſehen, was meine Goldtink=tur für Wunder thut.

Fräulein Karoline. Dafür bewahre mich der Himmel!

Pillendorf. Nun, ich wünſche es auch nicht, mein ſchönes Fräulein! Niemand kann an Ihrer Geſundheit mehr Antheil nehmen, als ich. (Lächelnd) Die Urſache iſt Ihnen nicht unbekannt. Die gnädige Tante wird wohl ſchon etwas von meinen Abſichten er=öfnet haben?

Fräulein Karoline. Nein, die Tante hat mir kein Wort geſagt.

Pillendorf. So werden doch Eure Gna=den ſie ſonſten ſchon bemerket haben.

Fräulein Karoline. Ich bin ſehr un=glücklich im Errathen.

Pillendorf. Wie, mein ſchönes Fräulein? Sie ſollten noch nicht wahr genommen ha=ben, daß....

Fräulein Karoline. Was denn?

Pillendorf. Ich muß ſchon mit der Spra=che heraus.... Daß Eure Gnaden, unter ſo viel hundert Schönen, denen ich ſeit drey=ßig Jahren mit meiner Kunſt beyſtehe, zu=erſt mein Herz verwundet haben; ſo, daß der Arzt ſelbſt einer Heilung bedarf.

B   Fräu=

Fräulein Karoline. Recht galant, Herr von Pillendorf! Wie artig Sie zu scherzen wissen? Denn für Ernst kann ich es nicht aufnehmen. Sie wissen ja, daß Siegheim von meinem Vater fast schon das Wort hat.

Pillendorf. Eben das hielt mich bisher zurück. Allein ich höre von der gnädigen Tante, daß die Sachen eine andere Gestalt gewinnen. Sie giebt mir alle Hoffnung.

Fräulein Karoline. Machen Sie sich keine, mein guter Pillendorf! Ich schätze Sie sehr hoch, aber heuraten werde ich Sie niemals.

Pillendorf. Wie, gnädiges Fräulein! Sie sprechen mir alle Hoffnung ab. Nein! ich laße sie mir nicht ganz benehmen. Es ist wahr, ich bin nicht mehr der jüngste, aber ich bin noch frisch. Und hernach — (Er thut, als ob er Geld zählte) schöne Dukaten. Darinn übertreffe ich Siegheim weit.

Fräulein Karoline. Geld trägt nichts zum Vergnügen bey.

Pillendorf. Sehr viel, gnädiges Fräulein! In der ersten Hitze der Liebe glaubt man es nicht. Der angebetete Gegenstand nimmt uns völlig ein. Die ganze Welt würde man ihm aufopfern, eine Bauerhütte Pallästen vorziehen. Allein, ist die Glut verraucht, o, da gehn die Augen auf.

Fräulein Karoline. Unvergleichlich! Sie sprechen wie ein Philosoph. Auch ich halte
we=

wenig auf die Romanenliebe. Hier ists aber nicht um eine Wahl zwischen Hütten und Palläſten zu thun. Siegheim iſt meines Standes; er beſitzt ſo viel, daß ich mit ihm wohl leben kann.

Pillendorf. Mit mir weit beſſer. Meine Goldtinktur hat Gold eingebracht, als noch die Arcana in der Mode waren. Jetzo iſt freylich nichts mehr zu thun. Man ſoll ſich ſeine Arzneyen unterſuchen laſſen. Ich lache aber dazu. Meine Schafe ſind ſchon im Trockenen; und ich gedenke mir, im Vertrauen geſagt, ein Landgut zu kaufen. Das kann Siegheim nicht thun. Stellen Sie ſich vor, Fräulein! was das iſt: Frau von einer Herrſchaft zu ſeyn! den Sommer auf dem Lande, den Winter in der Stadt zuzubringen! alle Wochen Spiel und Tafel zu geben!

Fräulein Karoline. Das Gemählde iſt reitzend. Ich bin Ihnen für Ihre gute Geſinnungen verbunden. Allein, ich bedaure, daß ich meine erſte Antwort wiederholen muß. Suchen Sie ſich eine andere Perſon aus. Sie werden hundert für eine finden, die das Glück, das ſie mir anbieten, beſſer zu ſchätzen wiſſen.

Pillendorf. Nein, ſchönſte Karoline! mein Herz iſt völlig für Sie eingenommen. Doch ich weiß ſchon, der Baum fällt nicht auf einen Streich. Denken Sie der Sache weiter nach

nach. (Er küßt ihr die Hand.) Ich will mich
jetzo nach des Herrn von Ohlden Wohl-
seyn erkundigen.

Siebenter Auftritt.

Fräulein Karoline, Kathrine.

Kathrine. Hat Pillendorf seine Liebeserklärung angebracht? Ich hörte an der Thür
zu. Bald wäre mir das Lachen ausgebro-
chen. Ha, ha, ha.

Fräulein Karoline. Ich bedaure den
ehrlichen Mann, er meynt es gut. Doch
höre Kathrine! ich weiß, des jungen Laffeld Bedienter ist dein Amant. Sieh, daß
du etwas von ihm ausforschest.

Kathrine. Das soll mir keine große
Mühe kosten. Er wird mich ohnfehlbar noch
diesen Vormittag besuchen.

Achter Auftritt.

Die Vorigen, Siegheim.

Fräulein Karoline. Nun Siegheim! wie
sind Sie von meinem Vater, und der Tante, empfangen worden?

Siegheim. Nicht zum besten. Herr von
Ohlden war ganz kaltsinnig, Tante Gertrud
spöttisch. Es war die Rede vom Theater.
Sie

Sie sagte, daß sie nicht von dem guten Geschmack wäre, wie Fräulein Karoline. Eva Kathel und Schnudi gefielen ihr besser, als der Graf von Ohlsbach, oder Eugenie.

Fräulein Karoline. Was antworteten Sie?

Siegheim. Weiter nichts, als daß jeder seinen eigenen Geschmack habe. Mit Herrn von Ohlden richtete ich mich ebenfalls genau nach der empfangenen Lehre. Er hatte in der Zeitung gelesen, daß man den leeren Platz zwischen der Stadt und Vorstädten mit Klee anbauen, und in Spatziergänge verwandeln wolle. So muß doch immer etwas neues seyn! rief er aus; nicht einmal den Staub wollen sie länger dulten! Haben wir ihn so lang eingeschluckt, so könnte es wohl noch weiter dabey bleiben.

Fräulein Karoline. Und Sie schwiegen dazu? Das wird Ihnen Mühe gekostet haben. Geschah aber keine Meldung von dem, was uns betrifft?

Siegheim. Ich lenkte das Gespräch auf mein neues Hofquartier. Daß es geraum wäre; daß ich wirklich mit der Einrichtung umgienge; daß ich mir dabey einen guten Rath ausbäte. Herr von Ohlden antwortete ganz kurz: Wenn ich einmal Zeit habe, will ich kommen es anzusehen. Fräulein Gertrud sagte wieder spöttisch: Ich weiß keinen Rath zu geben. Ich bin von einem schlechten Geschmack! bald wäre mir die Galle übergelau=

gelaufen. Ich brach lieber ab. Pillendorf kam dazu, und ich nahm Abschied.

Fräulein Karoline. Kathrine erwartet Laffelds Bedienten. Leben Sie indessen wohl, Siegheim!

Siegheim. (Küßt ihr die Hand) Ich werde mit dem ehrlichen Hausherrn reden. Er gilt viel bey Herrn von Ohlden; er ist auch mein guter Freund.

(Siegheim geht auf einer, und Karoline auf der andern Seite ab)

Neunter Auftritt.

Kathrine, Kasper.

Kasper (Sieht zur Thüre hinein, wo Siegheim herausgegangen ist.) Ist sie allein, Jungfer Kathrine?

Kathrine. Ja, mein lieber Kasper! geh er nur herein. Was bringt er neues?

Kasper. Mein Herr wird bald kommen, Fräulein Gertrud seinen Morgenbesuch abzustatten. Er ist im nächsten Hause. Ich soll indessen hier auf ihn warten. Das kann ich nicht thun, ohne nachzufragen, wie es meinem herzallerliebsten Schatz geht.

Kathrine. Er ist doch ein rechter guter Mensch, mein lieber Kasper! Ich habe ihn auch gern. Das weiß er schon.

Kasper. Ists wahr, Jungfer Kathrine? darf ich mich darauf verlaßen?

Ka=

Kathrine. Wie kann er daran zweifeln! Man muß sich ja in ihn verlieben. In einen so wohlgewachsenen, annehmlichen, galanten Menschen. Zwar, ich sollte es ihm nicht sagen, er möchte stolz werden.

Kasper. Ach, ganz und gar nicht! Nun, Sie macht mir wieder Muth. Ich war immer wegen Siegheims Bedienten in Sorgen, daß er mich ausgestochen hätte.

Kathrine. Poßen! für den hat er sich nicht zu fürchten. Wer weiß, wie lang sein Herr noch in unser Haus kömmt.

Kasper. Wie so? hat sie schon etwas gehört, Jungfer Kathrine?

Kathrine. Was sollte ich nicht gehört haben? bleibt wohl einer Kammerjungfer etwas verborgen?

Kasper. Es ist doch das größte Geheimniß. Fräulein Gertrud darf nichts davon wissen. Herr von Ohlden selbst weiß nicht alles. Mir sucht man, so viel möglich, von der Sache zu verbergen. (Lächelnd) Aber Kasper, für so einfältig man ihn hält, ist kein Narr. Wenn er zwey und zwey beysammen siehet, so kann er schon ausrechnen, daß es Viere macht.

Kathrine. Würklich? das will etwas sagen. Also, mein lieber Kasper! Fräulein Karoline bekömmt nicht Siegheim?

Kasper. Ja wohl Siegheim? ha, ha, ha, ganz einen andern. Rathe sie einmal, Kathrine.

Kathrine. Nun, wen wird sie bekommen? Etwa den alten Pillendorf.

Kasper. Ey, hat sich wohl! Schlecht getroffen. Ich will es ihr sagen, daß es aber ja niemand höret. Meinen Herrn.

Kathrine. Wie? den jungen Laffels! der ist ja schon ein halber Bräutigam mit Fräulein Gertrud.

Kasper. Das ist eben der Spas! Fräulein Gertrud glaubt es steif und fest. Sie hat so gar mit dem alten Herrn ein Komplot gemacht, Karoline dem Pillendorf zuzuschanzen. Da addreßirt sie sich gut! ha, ha, ha. Die wird gefopt!

Kathrine. Das ist ja zum todt lachen. Ha, ha, ha. Aber, wenn sie nur nichts merkt. Da gieng der Teufel los.

Kasper. Das ist eben die Sorge von meinem jungen Herrn. Aber der alte macht ihm Muth. Sie reden von einer Donation, die Fräulein Gertrud unterschreiben soll.

Kathrine. Von einer Donation? Fräulein Gertrud soll also Liebhaber, und Vermögen hergeben? Das wird schwer halten.

Kasper. O! wenn der alte Herr sich etwas vorgenommen hat, treibt ers gewiß durch. Der Teufel selbst ist ihm nicht gescheid genug. Als er noch bey Gericht saß, hat er oft in einer Sache alle beyde Partheyen hinters Licht geführt. Die armen Tropfen merkten es nicht einmal, und bedankten sich noch dazu. Ha, ha, ha,

Ka=

Kathrine. Dazu gehöret Kunst.

Kasper. Einmal geschah doch ein verteufelter Streich. Wir hatten ein paar alte Schindmähren, und einen halb zerbrochenen Schwimmer. Eben war ein wichtiger Proceß in des alten Herrn Händen. Was that er? Er gab der einen Parthey Kommißion, ihm ein paar Gestüttpferde zu kaufen. Dem andern sagte er so im vorbeygehen: Ich muß mir einen neuen Wagen anschaffen, sonst bleib ich einmal auf der Straße sitzen. Beyde verstunden schon, was das bedeutete. Es kamen auch ein paar achtzehen Faust hohe Hengste, und ein wunderschöner Wagen ins Haus. Aber, zum Unglück auf einen Tag; und die Partheyen gleich hinten drein, um ihre Sache anzuempfehlen. Da kann sie sich vorstellen, Kathrine, was die für Gesichter machten? Das übelste für meinen alten Herrn war, daß sie sich verglichen, und daß er ihnen Pferde und Wagen, bis auf den letzten Kreutzer, bezahlen mußte.

Kathrine. Ha, ha, ha, das wird den alten Geitzhals geschmerzet haben.

Kasper. Bald darauf kam das Patent gegen die Geschenke heraus. Darüber wurde er vollends aufgebracht. Jetzo, sagte er, ist nichts mehr zu thun. Hole der Kuckuck das Amt, wenn es keine Accidenzen giebt. Darum hat er auch seinen Dienst niedergelegt.

Kathrine. Niedergelegt? es soll ihm unter der Hand angerathen worden seyn; weil Klagen vorgekommen, daß, wer einen Proceß gewinnen wolle, mit ihm Picket spielen müße.

Kasper. Ja, ja, das kann wohl seyn. Einmal gab es darüber mit einer gnädigen Frau einen gewaltigen Lermen. Die hatte hundert Dukaten an ihn verloren, und der Spruch fiel doch gegen sie aus. Allein, es war nicht des alten Herrn Schuld; man hatte ihn im Rath, wie sie sagen, gematschet.

Kathrine. Sein junger Herr gefällt mir besser. Er hat zwar da (sie zeigt auf die Stirne) nicht gar viel; hingegen ist er nicht so falsch, nicht so geitzig.

Kasper. Jetzo sucht ihm der Vater einen Dienst. Es hält aber hart, weil er das neue Studi, wie man es nennt, nicht gelernet haben soll.

Kathrine. Der junge Ohlden sucht auch anzukommen. Das ist aber ein anderer Mensch. Der liegt beständig über den Büchern.

Zehnter Auftritt.

Der junge Laffeld, die Vorigen.

Laffeld Sohn. Guten Morgen, mein schönes Kind! Kann ich ihrer Fräulein aufwarten?

Kathrine. (lächelnd) Welcher wollen Eure Gnaden aufwarten?

Laf=

Laffeld. Nun, Fräulein Gertrud.

Kathrine. Nicht auch Fräulein Karoline?

Laffeld. S. Wenn es seyn kann, wird es mich freuen. Warum fragt sie?

Kathrine. Nun, es fiel mir eben nur so ein. Fräulein Karoline ist ja schön genug, daß man sie auch gern sehen kann.

Laffeld S. (zu Kasper) Ich will nicht hoffen, daß du etwa geplaudert hast?

Kasper. Ey, bewahre mich der Himmel! Ich bin so stumm, wie der Elephant auf dem Graben.

Kathrine. Ja, wenn der alle Diskurse wieder erzählen könnte, die dort abends, beym spatzieren gehen, geführt werden, es würde in manchem Hause Verdruß absetzen.

Laffeld S. Ich sehe schon, meine liebe Kathrine, sie merkt etwas (Er giebt ihr Geld) Schweige sie, und, wenn sich die Gelegenheit ergiebt, sage sie Fräulein Karoline von mir etwas gutes. Es soll ihr Schaden nicht seyn.

Kathrine. Ich danke Eurer Gnaden, ich kann aber nichts versprechen.

(Laffeld geht ab)

Eilfter Auftritt.

Kathrine, Kasper.

Kasper. Warum kann sie nichts versprechen? Wenn sie mich lieb hat, Kathrine, muß sie sich auf unsere Seite schlagen.

Kathrine. Das versteht sich. Eines folgt aus dem andern. An dem ersten zweifelt er ja nicht?

Kasper. Nein, mein schöner Engel! Ach — wenn ich sie nur ansehe, hüpft mir das Herz für Freuden.

(Kathrine, und Kasper gehen von der andern Seite ab.)

Zwölfter Auftritt.

Ein inneres Zimmer.

Herr von Ohlden, Fräulein Gertrud, Doktor Pillendorf.

Pillendorf. Ja, die Inokulation macht vollends der Medicin den Garaus. Jetzo bringen sie die Blattern ab, bald werden sie auch die andern Krankheiten ausrotten. Ich glaube, zuletzt wird man blos für Alter sterben sollen.

Herr von Ohlden. Das wäre endlich so übel nicht, wenn sie es dahin bringen könnten. Sie werden es aber wohl bleiben laßen, die Neulinge! Voriges Jahr wollte man mich auch bereden, daß ich meinen jüngern Sohn inokuliren laßen sollte; allein ich that es nicht.

Fräulein Gertrud. Wenn er nur nicht bald darauf an den natürlichen Blattern gestorben wäre! Da triumphirten sie.

Pil-

Pillendorf. Immer besser, nach dem alten Brauch krank werden, und sterben, als etwas neues probiren. So behalten Doktor und Tod ihr Recht.

Herr von Ohlden. Das ist auch meine Meynung. Ich habe zum Grundsatz: Unsere Vorfahren sind keine Narren gewesen; was die nicht thaten, sollen wir auch nicht thun.

Fräulein Gertrud. Heutigen Tags denkt man gerad umgekehrt. Doch wieder auf unser Voriges zu kommen, warum giebt der Bruder Herrn von Pillendorf nicht gleich das Wort wegen Karolinen?

Herr von Ohlden. Ich habe dir schon gesagt, Schwester, daß mich gewisse Ursachen noch abhalten, einen endlichen Schluß zu fassen.

Fräulein Gertrud. Was für Ursachen? Karoline kann ja keine bessere Parthey finden.

Pillendorf. Nun, lassen Sie sich doch durch die Vorbitte Ihrer Fräulein Schwester bewegen.

Herr von Ohlden. Sie wissen, mein alter Freund! wie hoch ich Sie schätze. Allein, ich muß aufrichtig bekennen, daß es mir hart ankömmt, Siegheim den Abschied zu geben. Sein Vater, und ich, hatten fest verabredet, daß unsere Kinder einander heuraten sollten. Und hernach, wenn ich es auch thäte, so steht noch etwas im Weg. Jetzo kann ich mich nicht deutli=

licher erklären. Haben sie nur noch ein wenig
Gedult.

Fräulein Gertrud. Ich nicht, Bruder!
Eine Verabredung mit Siegheims Vater, ist
die ein Versprechen? Was kann sonst im Weg
stehen? Frage der Bruder den alten Laffeld.

Herr von Ohlden. Laffeld! — Nun, ich
kann mich jetzo nicht weiter herauslassen.

Pillendorf. Gnädiges Fräulein! lassen
wir Herrn von Ohlden Zeit; es wird sich schon
geben. Ich halte mich an das alte Sprüch=
wort: der Baum fällt nicht auf einen Streich.
Das sagte ich auch vorher Karolinen, als
sie mir alle Hoffnung absprach. Ich em=
pfehle mich indessen, ich muß diesen Vormit=
tag noch Visiten machen.

Dreyzehenter Auftritt.

Herr von Ohlden, Fräulein Gertrud,
Herr von Laffeld, der Sohn.

Laffeld S. (Tritt von der andern Seite
herein) Unterthäniger Diener, gnädiges Fräu=
lein! (küßt Fräulein Gertrud die Hand) Ich suchte
Eure Gnaden in ihrem Zimmer. Haben Eure
Gnaden wohl geschlafen? Schön, wie ein
Engel!

(Er will auch Herrn von Ohlden die Hand
küssen, der sie aber zurück zieht)

Herr

Herr von Ohlden. (laut) Das schickt sich nicht. (leise) Was machen Sie? meine Schwester könnte etwas merken.

Fräulein Gertrud. Auch meinem Bruder wollen Sie die Hand küßen?

Laffeld S. Warum nicht? Alles, was Eurer Gnaden angehöret, sehe ich für einen Theil von Ihnen an.

Fräulein Gertrud. Das gienge zu weit. Unter meinen Verwandten sind Frauenzimmer. Die würden Sie zuletzt auch für einen Theil von mir ansehen.

Laffeld S. O! Eure Gnaden dehnen die Folge zu weit aus. Ich rede nur von Zeichen der Verehrung. (zärtlich) Die Zeichen meiner Liebe sind Eurer Gnaden allein vorbehalten.

Herr von Ohlden. Was macht Ihr Herr Vater?

Laffeld S. Er wird auch bald seine Aufwartung machen. Ich habe ihn unten bey dem Hausherrn verlassen. Sie waren miteinander in einen Streit gerathen, über die hiesigen Fabriken.

Fräulein Gertrud. Die hiesigen Fabriken! ha, ha, ha, Ich muß nur lachen, wenn die es den Franzosen nachthun wollen. Was versteht ein Deutscher von Dessein, von Gusto?

Laffeld S. Das war eben, was mein Vater behauptete. Herr Belton erzählte, was ihm diesen Vormittag in einem gewissen Hause begegnet wäre. Er hätte die neuesten französischen

sischen Stoffe von der Jahrszeit bringen sollen; geflissentlich habe er einige hier fabricirte Stoffe dazu gelegt. Nach langem Anschauen, sey endlich die Wahl auf drey Stücke von Wiener Fabrik ausgefallen. Die Frau vom Hause habe noch gesagt: da sieht man den Unterschied zwischen eurer hiesigen elenden Arbeit, und ächten französischen Stoffen. Wie gleich der Faden! wie lind im Angreifen! was für ein Gusto! Endlich hätte er ihr entdecket, daß alle drey Stücke hier fabricirt wären. Sie beharre aber bis auf gegenwärtige Stunde dabey, daß er, entweder sich irre, oder sie hintergehen wolle, um nur die hiesigen Fabriken zu loben.

Fräulein Gertrud. Es ist gewiß nicht anders. Und wenn man würklich zu Wien was gutes machte, würde ich doch das Ausländische vorziehen. Zu Lion, zu Paris fabricirt, klingt ja ganz anders, als: auf dem Neubau, in der Josephstadt, auf der Wieden.

Herr von Ohlden. Ich bin deiner Meynung, Schwester! Belton ist auch ein Neuling. Der Kaufmann gegen über redet ganz anders. Der hat mir oft gesagt, das jetzo mit der Handlung nichts mehr zu thun sey. Vormals habe er ausländische Waaren auf Kredit verschrieben, und darauf gewonnen, was er gewollt. Jetzo könne man einem, der nicht selbst Fabriken verlegt, den Gewinn in Sack nachrechnen.

Laß=

Laffeld S. Viel baares Geld soll doch vorhin ausser Lands gegangen seyn, weil die Franzosen nichts von uns kaufen.

Herr von Ohlden. Wenn auch! lasse man doch lieber die Sachen beym alten.

Laffeld S. (zu Fräulein Gertrud) Wo bringen Eure Gnaden den Nachmittag zu?

Fräulein Gertrud. Ich werde etliche Namenstagsvisiten machen.

Laffeld S. Und den Abend?

Fräulein Gertrud. Das weiß ich noch nicht.

Laffeld S. Kommen Eure Gnaden in die französische Komödie. Man stellt heute ein neues Stück vor.

Herr von Ohlden. Was thun Sie doch immer in der französischen Komödie? Sie sagen selbst, daß Sie ohne Buch nichts verstehen können. Die Unterhaltung kann wohl nicht groß seyn, wenn man entweder vom Spiele nichts siehet, oder nur den Schall der Worte höret.

Laffeld S. Es geht mehrern so. Allein, ausländische Spektakel besuchen, gehört einmal zur Mode.

Herr von Ohlden. Das endlich ist nichts neues. Man hat immer das Fremde vorgezogen.

Vierzehenter Auftritt.

Die Vorigen, Herr von Laffeld der Vater.

Laffeld Vater. Einen schönen guten Morgen! mein Sohn wird mich schon angesagt haben.

Herr von Ohlden. Ja, er hat uns Ihren Streit mit dem Hausherrn, über die Fabriken, erzählt.

Laffeld V. Der Mann ist mir in Tod zuwider. Ich mußte nur heute, wegen eines Geschäfts, mit ihm sprechen.

Herr von Ohlden. Er hat doch ein ehrliches Gemüth. Wenn er nur nicht für die Neuerungen so eingenommen wäre!

Laffeld V. Ein ehrliches Gemüth! Nun, ich will es glauben; obschon, jetziger Zeit, ehrliche Leute sehr rar sind. Mein lieber Ohlden, die Welt wird von Tag zu Tag schlimmer.

Herr von Ohlden. Haben Sie vielleicht etwas übeles von Belton gehöret?

Laffeld V. Gehört habe ich eben nichts. Ob er es aber aufrichtig mit Ihnen meynt? ist eine andere Frage. Von Siegheim mag er ein guter Freund seyn.

Fräulein Gertrud. Ja, für den lebt und stirbt er. Siegheim allein ist brav. Der verdienet das größte Glück. (zu Laffeld dem Sohn)

Sohn.) Von Ihnen, mein lieber Laffeld, hält er nicht gar viel.

Laffeld S. Ha, ha, ha. Etwa, weil ich die neuen Kollegien, die er so sehr lobt, nicht gehöret habe.

Laffeld V. Die neuen Kollegien! Denken Sie einmal, Ohlden! die Polizey, das Kameralwesen, soll man studiren? Eben als ob es nicht ein jeder, sobald er ins Amt kömmt, von selbst lernte. Mein erster Dienst war eine Rathsherrnstelle in einer Landstadt. Ich hatte nichts anders im Kopf, als mein Corpus Juris. Gleich in der ersten Woche wußte ich, daß die Viktualien ihre Tax haben; daß man zuweilen die Gassen kehren müße; daß keine Bettler seyn sollen. Da ist ja die ganze Polizey beysammen.

Herr von Ohlden. Jetzo verlangen sie mehr. Sie reden von Pflichten, von Grundsätzen, von Verbesserungen; ich weiß selbst nicht, von was allem. Ich wollte anfangs auch nicht daran, meinen Sohn die Kollegien hören zu lassen; er bat mich aber so lang darum, bis ich es endlich gestattete. Da erzählt mir nun der Pursch Dinge, wovon ich in meinem Leben nichts gehört habe. Wahrhaftig, ganz gute Sachen. Und er kann alles so deutlich, so ordentlich vorbringen, daß Sie vielleicht selbst nichts dagegen würden einwenden können.

Laffeld V. Poßen, mein lieber Ohlden! Was wollen uns die Leute aus ihren Büchern

chern lehren? Praxis, Praxis! Doch ich habe eben wegen ihres Sohns, und wegen der andern Sache, die Sie wissen, mit Ihnen zu reden. Gehen wir in Ihr Schreibkabinet.

Fünfzehenter Auftritt.

Fräulein Gertrud, Herr von Laffeld Sohn.

Fräulein Gertrud. Ihr Vater hat über sich genommen, für die Anstellung meines Neffen zu sorgen. Es werden jetzo viel Dienste vergeben. Und Sie, Laffeld! bekommen Sie nicht auch bald einen? (zärtlich) Sie wissen schon, daß das übrige von selbst folgen wird.

Laffeld S. (küßt ihr die Hand) Ja, meine Schönste! eben das übrige vermehret meine Ungedult. Ich habe auch die beste Hoffnung.

Fräulein Gertrud. Wie könnte es Ihnen fehlen? Ihr Vater ist ein Mann, der alle Schliche und Kanäle weiß, wie eine Sache durchzusetzen ist.

Laffeld S. Die muß man auch kennen, sonst richtet man nichts aus. Herr von Ohlden thut wohl, daß er sich seiner Hülfe bedienet.

Fräulein Gertrud. Siegheim und Belton riethen es meinem Bruder ab. Sie wollten

ten haben, er solle gerade den Minister angehen, der ihn von alten Zeiten her kennt. Es war eben, als ob sie ihrem Vater nicht traueten.

Laffeld S. Wenn doch Herr von Ohlden beyde aus dem Hause verbannte!

Fräulein Gertrud. Siegheim wird bald seinen Abschied bekommen. Sie, Ihr Vater, ich, alle drey arbeiten daran. Ihr Vater hat mir versprochen, bey meinem Bruder für Pillendorf das Wort zu reden.

Laffeld S. Es wäre aber doch grausam, wenn Fräulein Karoline den alten Mann heuraten müßte. Denken Eure Gnaden, eine so schöne junge Person. Es wird sich wohl noch eine andere Parthey für sie finden.

Fräulein Gertrud. Laffeld! Laffeld! Ich will nicht hoffen, daß sie Ihnen etwa gefällt.

Laffeld S. Wo denken Sie hin, gnädiges Fräulein? Mir — sollte eine andere Person gefallen? Eure Gnaden sind in meinen Augen hundertmal schöner.

Fräulein Gertrud. Ich hoffe, daß Sie so denken. Ich begreife auch nicht einmal, wie man sich in ein so junges Ding vernarren kann? Dem sey inzwischen wie ihm sey, so wiederhole ich, was ich Ihnen oft gesagt habe. Sie müssen nicht mein Geld, sondern meine Person lieben; sonsten sind wir geschiedene Leute.

Laffeld S. (*Küßt ihr die Hand*) Diese liebe ich auch ganz allein, auf das zärtlichste liebe ich sie.

(*Laffeld Sohn führt Fräulein Gertrud ab.*)

Ende des ersten Aufzugs.

Zweyter Aufzug.

Erster Auftritt.

Das vorige Zimmer.

Herr von Ohlden, Laffeld der Vater.
(*Beyde kommen wieder aus dem Schreibkabinet heraus*)

Herr von Ohlden. Noch kann ichs kaum glauben, daß Siegheim ein Freymäurer seyn solle.

Laffeld V. Er ist es. Alle Wochen haben sie ihre Zusammenkunft. Siegheim, und noch vier, oder fünf junge Leute. Sie spielen nicht, sie trinken nicht. Es kömmt kein Frauenzimmer dazu. Man giebt zwar vor, daß sie von gelehrten Sachen, von ihren so genannten schönen Wissenschaften sich unterterreden. Aber es steckt gewiß Freymaure‍rey dahinter.

Herr von Ohlden. Blos wegen gelehr‍ter Diskurse zusammen kommen! das ist frey‍lich etwas ausserordentliches. Zu unserer Zeit, hätte einer das Wort *schöne Wissen‍schaften* aussprechen sollen, man würde ihn ausgelacht haben. Doch jetzo hört man fast nichts anderes.

Laffeld V. Ja leider! alles liest; alles will hoch deutsch schreiben und reden. Da spotten sie hernach über uns, die wir beym alten Brauch bleiben. Eben als ob man die deutsche Sprache in Regeln bringen könn‍te, wie latein und französisch.

Herr von Ohlden. Es geht schon auf die gemeinen Leute herab. Neulich traf ich meine Köchin beym Lesen an. Es waren Fabeln, von einem gewissen Gellert. Ich hätte ihr bald das Buch weggenommen; sie zeigte mir aber, daß es zu Wien gedruckt sey.

Laffeld V. Da haben wirs. Ich sagte es gleich vor, als man die deutschen Bü‍cher zu drucken anfieng. Und die Wochen‍blätter, die kehrten hernach gar alles um.

Herr von Ohlden. Karoline liegt auch immer über den Büchern. Daran ist Sieg‍heim Schuld. So gar in das Kloster hin‍ein schickte er ihr alles, was heraus kam.

Laffeld V. Bald hätte ich das beste ver‍gessen. Wissen Sie wohl, daß Siegheim der stärkste Mitwerber um den Dienst ist, den Sie für ihren Sohn suchen.

Herr von Ohlden. Wie so? Er hat ja schon ein Amt von gleichem Rang und Einkommen.

Laffeld V. Das ist wahr. Aber bey der Stelle, wozu ihr Sohn kommen soll, giebt es alte Leute, und ist eher ein Vorrückung zu hoffen.

Herr von Ohlden. Ha! jetzo begreife ich die Ursach. Nun, ich war so schon entschlossen, Siegheim den Abschied zu geben. Ich werde es thun; Ihr Sohn soll meine Tochter haben.

Laffeld V. (Umarmt den von Ohlden) Ich danke in seinem und meinem Namen. Jetzo bleibt nur übrig, Fräulein Gertrud dahin zu bewegen, daß sie Pillendorf mit meinem Sohne vertauscht.

Herr von Ohlden. Das wird schwer hergehen. Gertrud will einen jungen Mann.

Laffeld. V. Sie werden es schon über sich nehmen müßen, ihr die Sache beyzubringen.

Herr von Ohlden. Vor allem will ich mich von Siegheim losmachen. Er kömmt diesen Vormittag wieder her. Wenn nur nicht Karoline so sehr für ihn eingenommen wäre!

Laffeld V. O! das hat nichts zu bedeuten. Unter gleich jungen Liebhabern, läßt
sich

sich ein Mädchen schon noch zum Tausch bewegen. Und hernach, sind Sie nicht Vater?

Herr von Ohlden. Ich bin es; aber eben deswegen gehe ich hart daran, Zwang zu gebrauchen. Schlüge die Heurat übel aus, würde mich immer der Vorwurf quälen, daß ich mein Kind unglücklich gemacht hätte.

Laffeld V. Unglücklich! Ist es ein Mädchen deswegen, weil ihm der nicht zu Theil wird, in den sich das junge Ding vergaft hat? Blosse Einbildung! Meine verstorbene Frau mußte mich auch wider Willen heuraten. Sie weinte sich im Anfang bald die Augen aus dem Kopfe; zuletzt schickte sie sich doch darein.

Herr von Ohlden. Laßen wir die Todten in der Ruhe. Waren Sie nicht oft genug eifersüchtig? Doch ich hoffe, es wird bey Karolinen keinen Zwang brauchen; damit fällt das übrige von selbsten weg. Bringen Sie nur erst, wegen der Anstellung meines Sohns, die Sache zur Richtigkeit.

Laffeld V. Sie können sich darauf verlassen. Aber etwas müßen Sie thun, das ich Ihnen gesagt habe.

Herr von Ohlden. Nein, spendiren mag ich nicht; es ist gar zu gefährlich. Wenn es herauskömmt, geht der Dienst verlohren. Das ist noch unter allen neuen Verordnungen die, welche mir am besten gefällt. Ich war immer ein Feind von Nebenwegen.

Zweyter Auftritt.

Die Vorigen, Herr Belton.

Belton. Ich bitte um Vergebung, wenn ich etwa das Gespräch unterbreche. Ich glaubte, Sie allein zu finden.

Herr von Ohlden. Es hat nichts zu bedeuten. Herr von Laffeld war eben im Begriff, wegzugehen.

Laffeld v. Leben Sie wohl, Ohlden! (Kaltsinnig) Ihr Diener, Herr Belton.

Belton. Ihr Diener.

Dritter Auftritt.

Herr von Ohlden, Belton.

Herr von Ohlden. Mir kömmt vor, Belton! Sie, und Laffeld, sind nicht die besten Freunde.

Belton. Vielleicht ist er es nicht. Ich — hege wider Niemand eine Feindschaft. Bey mir heißt es: Der Person Freund, der Sache Feind.

Herr von Ohlden. Der Sache Feind! Ihnen mißfällt also etwas an Laffeld?

Belton. Seine Falschheit, seine Eigennützigkeit. Mehr als einer meiner Bekannten hat Proben davon erfahren. Wenn es nur nicht auch Ihnen so geht! Doch ich komme jetzo wegen einer andern Sache. Sie wissen

sen, wie viel Antheil ich an Siegheim nehme. Noch im Grabe verehre ich seinen würdigen Vater, Ihren und meinen Freund. Ihn selbst schätze ich wegen seiner Rechtschaffenheit. Sie thaten es sonsten auch, mein werthester Herr von Ohlden! Gleichwohl sagten Sie mir gestern, daß Sie nicht wüßten, ob Sie ihm noch Fräulein Karoline geben würden.

Herr von Ohlden. Schon beschlossene Heuraten gehen oft zurück. Zwischen Siegheim, und meiner Tochter, ist es noch nicht so weit gekommen.

Belton. Ursachen müßen doch allezeit vorhanden seyn, und hier sehe ich keine. Steckt etwa Laffeld dahinter?

Herr von Ohlden. Warum Laffeld? Kann Siegheim nicht sonst meine Zuneigung verlohren haben?

Belton. Ich wüßte nicht, wie? Daß er Ihren Meynungen zuweilen widerspricht, kann Ihnen vielleicht in dem Augenblick mißfallen. Sie sehen aber daraus wenigstens seine Offenherzigkeit. Wäre er ein Schmeichler, würde er ins Gesicht zu allem Ja sagen, und hinterrücks Ihrer spotten.

Her von Ohlden. (Eifrig) Er ist ein völliger Neuling.

Belton. Was nennen Sie einen Neuling? Den, der eine Sache blos deswegen verachtet, weil sie alt ist? Der alles tadelt und doch nichts besseres anzugeben weiß? Dergleichen Leute, ja, die verdienen Verachtung;

sie sind dem Staate schädlich. Siegheim aber gehört nicht unter ihre Zahl.

Herr von Ohlden. Es ist wahr. Er lobt selbst viele alte Einrichtungen; er klagt nur darüber, daß sie schlecht beobachtet werden. Allein, er hat doch einen Neuerungsgeist. Bald soll das, bald soll jenes geschehen. Eben als ob Wien nicht schon Jahrhunderte, ohne das alles, gestanden wäre!

Belton. Wenn man immer so gedacht hätte, würden wir keine gemachten Strassen, keine Posten, keine Nachtlaternen haben. Wasserströme würden noch immer, aus hervorragenden Dachrinnen, auf Wägen und Fußgänger herabstürzen. Das hier anstoßende Haus würde wieder mit Schindeln gedeckt worden seyn. Doch alles das sind nur Kleinigkeiten. Ich könnte Ihnen hundert der wichtigsten neuen Einrichtungen nennen, die dem Staate eine andere Gestalt gegeben haben; die bey der Nachwelt die weiseste, die glorreichste Regierung verewigen werden; wovon Wir schon jetzo die Früchte genießen, die unsere Enkel mit vollem Maaße einsammeln werden.

Herr von Ohlden. Wahrhaftig Belton! ich muß Ihnen Recht geben. Allein, ich habe andere Ursachen, mit Siegheim unzufrieden zu seyn.

Belton. Welche?

Herr von Ohlden. Wenigstens leidet die angepriesene Rechtschaffenheit einen Abfall.

Belton. Die Rechtschaffenheit! In dem Punkt, setze ich mein Leben für Siegheim zu Pfand. Erklären Sie sich deutlicher, mein wehrtester Ohlden! ich werde ihn gewiß rechtfertigen.

Herr von Ohlden. Jetzo kann ich es nicht thun.

Belton. Sie wollen also in Ihrem Irrthum bleiben? Gut! Nur um eines bitte ich. Uebereilen Sie sich nicht mit ihrer Entschließung!

Vierter Auftritt.

Die Vorigen, Kathrine.

Kathrine. Herr von Siegheim läßt sich erkundigen, ob er aufwarten dürfe?

Herr von Ohlden. Er kann kommen. (zu Belton) Lassen Sie mich mit ihm allein. Wollen Sie indessen zu meiner Schwester gehen?

Belton. Ich habe jetzo Verrichtungen. Nur meine Bitte wiederhole ich.

Fünfter Auftritt.

Herr von Ohlden, Siegheim.

Siegheim. Im Hereingehen begegne ich Belton! Eben wegen etwas, daß ich diesen Morgen

gen von ihm gehört habe, nehme ich mir die Freyheit wieder zu kommen.

Herr von Ohlden. Vielleicht ist es die nämliche Sache, worüber ich mit Ihnen zu sprechen wünschte!

Siegheim. Die nämliche Sache! Ists also wahr, daß Sie Ihre Gesinnung gegen mich geändert haben?

Herr von Ohlden. Ich kann Ihnen nicht verbergen, Siegheim, daß meine Absichten mit Karolinen nicht mehr die vorigen sind.

Siegheim. Nicht mehr die vorigen? Sie bestimmen also für Karoline einen andern? Was habe ich verbrochen? Womit habe ich diese schreckliche Bestrafung verdienet?

Herr von Ohlden. Sie nehmen die Sache allzuhoch. Giebt es nicht hundert Partheyen, außer meiner Tochter? War sie Ihnen wirklich versprochen?

Siegheim. Ach! wartet die Verbindung zweyer Herzen auf ein förmliches Eheversprechen? Besteht nicht diese Verbindung zwischen Karolinen, und mir, von dem ersten Augenblicke an, da wir einander kennen lernten? War sie nicht der Wunsch Ihres besten Freundes, meines verstorbenen Vaters! War sie nicht Ihr eigener? Freueten Sie sich nicht oft darüber, daß die Neigung der Kinder mit dem Wunsch der Eltern so genau übereinstimmte? Ich frage Sie noch einmal; ich beschwöre Sie, theuerster Herr von Ohlden! entdecken Sie mir mein Verbrechen!

Herr

Herr von Ohlden. Dringen Sie nicht in mich, um die Ursachen zu wissen! Vielleicht werden Ihnen einige nicht unbekannt seyn?

Siegheim. Mir ist keine bekannt, weil ich mich nichts schuldig weiß. Falsche Anklagen kann ich nicht errathen, wohl aber ihre Quelle. Ich hatte schon lang das Unglück, Fräulein Gertrud zu mißfallen. Gewiße Leute suchen sie immer mehr aufzubringen, und eben diese Leute wollen mir jetzo auch bey demjenigen schaden, von welchem mein ganzes Glück abhänget.

Herr von Ohlden. Vielleicht glauben sie nur, das zu thun, wozu sie die Freundschaft verbindet.

Siegheim. Hat aber, was sie hinterrücks vorbringen, Grund? Mein werthester Herr von Ohlden! Sie werden sie bald kennen lernen, diese falschen Freunde. Das allein tröstet mich. Doch ich will vor der Zeit nichts sagen.

Herr von Ohlden. Der Beweis würde Ihnen auch schwer fallen.

Siegheim. Weniger, als Sie glauben. Für jetzo bitte ich nur, sprechen Sie mir das Urtheil nicht ungehört.

Sechster Auftritt.

Die Vorigen, Doktor Pillendorf.

Pillendorf. Ich komme wieder, um Ihnen die seltsamste Sache von der Welt zu erzählen. Ha, ha, ha.

Herr von Ohlden. Was für eine Sache?

Pillendorf. Denken Sie einmal Ohlden! Ich fuhr bey dem neuen Universitätshause vorbey. Es stunden eine Menge Wägen da; die Straße war gesperret. Zeichen einer Disputation. Die Neugierde treibt mich hinauf. Ich gehe in den großen Hörsal. Alles ist voll, kaum kann ich mich durchdrängen. Errathen Sie Ohlden, in was für einer Sprache die Disputation gehalten wurde?

Herr von Ohlden? Nun, ohne Zweifel, lateinisch?

Pillendorf. Nein, deutsch! ha, ha, ha.

Herr von Ohlden. Das ist erschrecklich. In dem Tempel der Musen!

Siegheim. War die Sprache der Gelehrten zu Rom lateinisch; in Griechenland griechisch: Warum sollen Deutsche nicht deutsch reden?

Pillendorf. Da haben wir den Advokaten der Neuerungen. Aber noch etwas sonderbareres.

Herr von Ohlden. Was denn?

Pillendorf. Kein förmliches Argument; ein bloßer Diskurs. Die Gegner trugen ihre
Zwei=

Zweifel mit Bescheidenheit vor. Der Defendent antwortete ganz gelassen. Man war mit der gegebenen Erklärung zufrieden; oder man gestand offenherzig, daß dieser, oder jener Satz näher habe bestimmt werden können. Kein Zank, kein Geschrey!

Herr von Ohlden. Kein förmliches Argument; nicht einmal in Barbara! Kein argumentum cornutum! Worüber disputirten sie?

Pillendorf. Ueber die Mittel, den Nahrungsstand zu verbeßern; Ordnung, Wohlfeilkeit, Sicherheit herzustellen; den Kredit zu befestigen.

Herr von Ohlden. Nun, das sind alles gute Sachen. Wenn sie nur lateinisch geredet hätten!

Siegheim. Eben weil die Wissenschaft dieser Dinge jedermann nützlich ist, trägt man sie in der Landessprache vor. Würden Sie wohl über die deutsche Sprache lateinische Kollegien halten.

Pillendorf. Ließt man denn auch über die deutsche Sprache?

Siegheim. Und das wissen Sie nicht?

Pillendorf. Was bekümmere ich mich um dergleichen Dinge.

Siegheim. (im Weggehen zu Ohlden) Es bleibt bey dem, was ich Ihnen sagte.

Siebenter Auftritt.

Herr von Ohlden, Doktor Pillendorf.

Pillendorf. Haben Sie Siegheim den Abschied gegeben?

Herr von Ohlden. Eben als Sie kamen, sagte ich ihm, daß er auf Karoline sich keine Hoffnung machen solle.

Pillendorf. Vortreflich! also steht meinem Wunsch nichts mehr im Weg.

Herr von Ohlden. Bedenken Sie doch ihr Alter, Pillendorf! Schicken Sie sich wohl für ein achtzehnjähriges Mädchen?

Pillendorf. Die Jahre ersetzt das Vermögen doppelt. Auf der einen Waagschale sechzig Jahre, auf der andern hundert zwanzig tausend Gulden, die ich meiner Braut verschreibe.

Herr von Ohlden. Wie wäre es, wenn Sie meine Schwester heurateten? Die ist noch in ihren besten Jahren, wohl zu leiden; sie besitzt eben so viel Vermögen, als meine Tochter nach der gemachten Erbschaft. Wahr ists, daß Karoline künftig auch noch von mir erbt; Allein ich denke nicht, so bald zu sterben. In der That, diese Heurat scheinet für Sie anständiger.

Pillendorf. Fräulein Gertrud? des jungen Laffelds Braut!

Herr von Ohlden. Nun! man weiß nicht, wie sich oft die Sachen ändern. Ich
rede

rede nur auf den Fall, da Laffelds Heurat zurück gienge.

Pillendorf. Auch auf den Fall, könnte ich mich unmöglich zu Fräulein Gertrud entschließen.

Herr von Ohlden. Warum nicht?

Pillendorf. Weil mich Fräulein Karoline gar zu sehr eingenommen hat. Eher wollte ich sie noch Siegheimen, als einem andern, gönnen. Für wen bestimmen Sie denn das liebenswürdige Kind? Es wird doch keine Nonne werden sollen.

Herr von Ohlden. Ich kann Ihnen jetzo meinen Plan noch nicht entdecken. Behalten Sie indessen die Sache bey sich.

Pillendorf. Das werde ich thun. Aber Ohlden! Sie müßen auch wegen Karolinen nichts zu meinem Nachtheil beschließen. Sonsten, sage ich Ihnen vorher, bewege ich Himmel und Erde. Ich will doch nicht glauben, daß etwa die Laffelde mir einen Streich spielen.

Herr von Ohlden. Haben Sie nur Gedult, Pillendorf! Ich verspreche Ihnen, daß ohne Ihr Wissen nichts zu Stand kommen soll.

Pillendorf. Nun ich verlaße mich auf Ihr Wort.

(geht ab.)

Achter Auftritt.

Das Zimmer, welches von Anfang des Schauspiels zu sehen gewesen.

Fräulein von Ohlden, Fräulein Karoline, Laffeld Sohn.

Laffeld S. (zu Fräulein Gertrud.) Eure Gnaden gehen also heute in die deutsche Komödie?

Fräulein Gertrud. Ich muß es schon wegen Karolinen thun. Sie hat das Stück noch nicht gesehen. Für mich bliebe ich lieber zu Hause, weil ich vorher weiß, daß mir die Zeit lang werden wird.

Fräulein Karoline. Das Stück ist doch, nach dem Buche zu urtheilen, ganz unterhaltend. Es sind zwar rührende Stellen darinn, woran Sie keinen Gefallen haben; es giebt aber auch zu lachen.

Fräulein Gertrud. Was ist das? Soll mir ein Stück gefallen, so muß, von Anfang bis zu Ende, alles buresk seyn. Und hernach, kein Hanswurst, kein Zauberer, kein Teufel, kein Prügeln!

Laffeld. Eure Gnaden haben Recht. Das gehört zur deutschen Komödie. Von der Zeit an, daß man keinen Doktor Faust, keine Zaubertrommel, keine Hexe Megära spielt, gehe ich nicht mehr in das deutsche Theater.

Fräulein Karoline. Sie besuchen aber doch die französische Schaubühne. Da sehn Sie eben so wenig etwas von allen diesen schönen Sachen.

Laffeld S. Ja, französisch und deutsch ist zweyerley. Im französischen Theater will man einen feinen Scherz, will man Moral haben. In die deutsche Komödie hingegen geht man, um aus vollem Halse zu lachen.

Fräulein Karoline. Müßen es denn eben Poßen und Grobheiten seyn, worüber man lacht? Mein guter Laffeld! Entweder kennen Sie ihre Nation nicht, oder Sie thun ihr vorsetzlich Unrecht. Das deutsche Publikum will in Schauspielen Handlung, es will Abwechslung. Langweilige, frostige Gespräche, sind nicht für seinen Geschmack. Und hierinn hat es Recht. Es kennet aber auch gar wohl das Feine, das Schöne. O! meine Wiener! meine wehrten Landsleute! wie oft habe ich, bey rührenden Stellen, wenn die leidende Tugend, wenn edle Handlungen vorgestellet wurden, sanfte Thränen aus euren Augen fließen sehen! Ihr habt Geschmack, ihr habt Empfindung; ihr braucht nur eurem natürlichen Hange zu folgen.

Fräulein Gertrud. Ha, ha, ha. Was für ein Eifer! da sehen Sie es, Laffeld! Fangen Sie nur mit ihr an. Ich glaube, sie würde eine Märtyrin für den guten Geschmack.

Laffeld S. (zu Karoline) Nun gnädiges Fräulein! Ihnen zu gefallen, gehe ich selbst heute in die deutsche Komödie. Was spielen sie für ein Stück?

Fräulein Karoline. Das Prädikat.

Laffeld S. Das Prädikat! Ich habe das Buch gelesen. Etliche Auftritte mögen lustig seyn; wo der Wappenmahler erscheinet, und wo von einem gewissen Herrn von Lindwurm geredet wird. Aber sonsten ist erschrecklich viel Moral darinn. Antoniens Rolle gefällt mir gar nicht. Sie ist zu ernsthaft.

Fräulein Gertrud. Und eben die gefällt Karolinen am besten, weil Antonie ihr wahres Ebenbild ist. (höhnisch) Eine zärtliche Philosophin!

Fräulein Karoline. Ich wünschte eine zu seyn. Eine Philosophin nämlich! denn zärtlich, ist man auch ohne dem.

Fräulein Gertrud. Ja, ja, gegen einen so würdigen Liebhaber, wie Siegheim. Hat es aber schon seine Richtigkeit mit der Heurat?

Fräulein Karoline. Sie werden am besten wissen, Fräulein Tante! ob Sie nicht etwa Hindernißen einzustreuen suchen?

Fräulein Gertrud. (spöttisch) Ich — Hindernißen! Es ist mir wohl ganz gleichgültig, wen meine zärtliche Nichte heuratet. Aber mein Bruder könnte vielleicht andere Absichten haben. Ich weiß nicht, ob er sehr mit Siegheim zufrieden ist.

Fräulein Karoline. Man hat alles gethan, Siegheim bey meinem Vater verhaßt

zu

zu machen. Böse Absichten gelingen aber nicht allezeit.

Fräulein Gertrud. Das werden wir sehen. Laffeld! empfehlen Sie ihr indeßen Pillendorf.

(geht ab.)

Neunter Auftritt.

Fräulein Karoline, Laffeld Sohn.

Laffeld S. Ich soll Pillendorf empfehlen! Haben Eure Gnaden keine Sorge, das geschieht nicht!

Fräulein Karoline. Warum nicht? Sie heuraten meine Tante; einer Braut muß man alles zu Gefallen thun.

Laffeld S. O! damit ist es noch nicht richtig. Darf ich es wagen, meine wahre Absicht zu entdecken?

Fräulein Karoline. Wie, Laffeld! Sie haben andre Absichten?

Laffeld S. Es ist ja noch nichts zu Stande gekommen. Wäre das die erste Heurat, die zurückgeht?

Fräulein Karoline. Ich sehe aber keine Ursache dazu.

Laffeld S. Eure Gnaden sollten sie doch am besten wissen. Schönste Karoline! (er küßt ihr die Hand) Nehmen Sie denn nicht wahr, daß Sie es sind, die ich ingeheim anbete!

Fräulein Karoline. (die Hand zurückziehend) Mich — Laffeld! Und warum machen Sie seit Jahr und Tag den Liebhaber bey meiner Tante?

Laffeld S. Weil Siegheims Ansprüche mir keine Hoffnung übrig zu lassen schienen. Nunmehro sind glücklichere Aspekten eingetreten.

Fräulein Karoline. Reden Sie lieber aufrichtig. Als ich aus dem Kloster kam, hatte ich noch nicht von meinem Onkel geerbet. Der Tante hingegen, gab ein Vermögen von sechzig tausend Gulden, Reitzungen, denen Sie nicht widerstehen konnten?

Laffeld S. Für so eigennützig sehen mich Eure Gnaden an? Sie thun mir das größte Unrecht.

Fräulein Karoline. Lassen wir es seyn. Wie wollen Sie sich aber von Fräulein Gertrud los machen?

Laffeld S. Dafür wird mein Vater sorgen. Er hat alles mit Herrn von Ohlden verabredet. Vielleicht bringen sie Fräulein Gertrud gar dahin, daß sie Eurer Gnaden ihr Vermögen nach ihrem Tod verschreibet.

Fräulein Karoline. Nun! Sechzig tausend Gulden, die ich von meinem Onkel geerbet habe; Sechzig tausend Gulden, die mir Tante Gertrud verschreiben soll; und der Antheil, den Sie künftig von meines Vaters Verlassenschaft erwarten. Das nenne ich in der That eine uneigennützige Liebe.

Laf=

Laffeld S. Ich hoffe auch in kurzem eine ansehnliche Ehrenstelle zu erlangen. Alsdenn kann unsere Verbindung gleich vor sich gehen. Siegheim bekömmt seinen Abschied, wenn er ihn nicht schon hat.

Fräulein Karoline. Die Anstalten sind vortreflich. Ich weiß aber noch nicht, mein guter Laffeld, ob sie alle gelingen werden.

Laffeld S. Was mein Vater unternimmt, kann nicht fehlen. Seyn nur Sie, meinen Absichten nicht entgegen.

Fräulein Karoline. (im Weggehen, lächelnd) Wie könnte ich es seyn? Sie thun ja alles in der Welt, um mich glücklich zu machen.

Zehnter Auftritt.

Laffeld Sohn, Laffeld Vater.

Laffeld Sohn. Jetzo ist mir ein großer Stein vom Herzen weg. Ich hätte nicht geglaubet, daß Karoline meine Liebeserklärung so gut aufnehmen würde. Wenn sie es nur im Ernste meynt!

Laffeld V. Nun, wie stehts Sohn? Hast du mit Karolinen gesprochen?

Laffeld S. Eben jetzo. Sie verwunderte sich anfangs, daß ich ihrer Tante untreu werden wolle. Sie glaubte, es geschehe aus Eigennutz. Am Ende bezeigte sie sich aber ganz geneigt.

Laffeld V. Ganz geneigt? Das kömmt mir verdächtig vor. Sie hängt doch stark an Siegheim.

Laffeld S. Ich habe mir selbst darüber Gedanken gemacht. Wenn sie nur nicht etwa Fräulein Gertrud etwas vor der Zeit sagt!

Laffeld V. Sie mag es thun. Ich habe ihren Vater in meiner Gewalt. Der gute Mann verläßt sich völlig auf mich, wegen der Anstellung seines Sohns. Der junge Ohlden wird auch vielleicht einen Dienst bekommen, aber nicht den, welchen er glaubt. Der ist für dich bestimmet. Das lustigste bey der Sache ist, daß Siegheim für den Mitwerber passiret.

Laffeld S. Was wird aber Herr von Ohlden sagen, wenn er hört, daß ich benennet worden bin.

Laffeld V. Er wird niemals erfahren, wie es zugegangen ist; denn ich erscheine gar nicht bey der Sache. Doktor Wamp, mein Vertrauter, betreibt alles unter der Hand. Ohlden wird glauben, es sey eine besondere Gnade vom Hof gewesen. Und wenn hernach sein Sohn auch angestellet wird, bleibt er mir noch allezeit für meine Bemühung verbunden.

Laffeld S. Wenn es nur nicht einen Anstand giebt, daß ich weder das neue Studium gemacht, noch die neuen Kollegien gehöret habe.

Laffeld V. Das war gleich die erste Frage des Referenten. Wamp hat ihm darauf
nur

nur so etwas hin geantwortet. Hier dieses —
(er thut, als ob er Geld zählte) muß der Sache
den Nachdruck geben, und die Attestaten er=
setzen.

Laffeld S. Mir ist noch immer bang.
Der Referent soll ein Feind von Geschenkneh=
men seyn, und überhaupt sind dergleichen We=
ge mißlich.

Laffeld V. Dafür laß Wamp sorgen.
Wenn auch die Sache nicht gehen sollte, wird
er es doch allezeit so einfädeln, daß du keinen
Schaden davon hast. Jetzo will ich mit Ohl=
den, wegen des Heuratkontrakts, sprechen.

(Beyde gehen ab, von verschie=
denen Seiten)

Eilfter Auftritt.

Siegheim, Kathrine.

Kommen von der Seite herein, wo der junge Laffeld
hinaus gegegangen ist.

Siegheim. Ich möcht gern Karolinen von
einer Entdeckung Nachricht geben, die Belton
ganz unvermuthet gemacht hat.

Kathrine. Sie ist bey dem gnädigen
Herrn. Ohne Zweifel wird er ihr die Heurat
mit Laffeld ankündigen.

Siegheim. Ich hoffe, die Sachen sollen
sich bald ändern. Nimmermehr hätte ich ge-
glau=

glaubet, daß der alte Laffeld so falsch wäre, wie ich ihn jetzo kennen lerne.

Kathrine. Dafür habe ich ihn allzeit gehalten. Eure Gnaden sollten die schönen Stücke hören, die des jungen Laffeld Bedienter von ihm weiß.

Siegheim. Zu eben der Zeit, wo er für seinen Sohn um die Tochter wirbt, den Vater auf eine so schändliche Art zu hintergehen!

Kathrine. Der gnädige Herr muß nicht eher etwas hören, bis der klare Beweis da ist. Sonsten redet ihm der alte Laffeld wieder alles aus, und macht ihm glauben, daß er am hellen Mittag Sterne sieht.

Siegheim. Ich hoffe, der Beweis soll so klar seyn, daß sich nichts dagegen einwenden läßt.

(Kasper läßt sich an der Thüre blicken)

Kathrine. Des jungen Laffeld Bedienter will herein kommen. Vielleicht erfahre ich etwas von ihm.

(Siegheim geht auf der andern Seite ab)

Zwölfter Auftritt.

Kathrine, Kasper.

Kathrine. Komm er nur herein. Kasper!

Kasper. Ist mein Herr schon weggegangen?

Ka=

Kathrine. Es ist nicht gar lang. Wie gehts ihm, mein lieber Kasper? Was giebts neues?

Kasper. Nicht viel sonderliches, Jungfer Kathrine! als daß ich mir bald die Beine ablauffe.

Kathrine. Giebt es denn jetzo so viele Botschaften?

Kasper. Ja freylich, ich wollte, daß mein junger Herr schon angestellt wäre!

Kathrine. Wo ist er überall gewesen?

Kasper. Zweymal bey dem alten Wamp, und ich weiß nicht, an wie viel Orten, um 500. neue Dukaten von einem Schlag zusammen zu bringen.

Kathrine. Was haben die neuen Dukaten mit der Anstellung seines Herrn zu thun?

Kasper. Unter uns, es kömmt auf eine Spendasche an, weil der junge Herr nicht viel gelernet hat.

Kathrine. Spendaschen! Die sind ja scharf verboten. Der nur etwas anbietet, wird bestraft.

Kasper. Darum braucht auch der alte Herr einen Dritten dazu, damit sein Sohn aus der Schlinge bleibt.

Kathrine. Und das alles vertrauen sie ihm an! Das sollte ja das größte Geheimniß seyn.

Kasper. Man sagt mir nichts. Ich schnappe nur so hin und her etwas auf, wenn sie miteinander reden. Bisweilen horche ich auch
an

an der Thüre. Das ist schon mein alter Brauch.

Kathrine. Der ist aber nicht gar schön.

Kasper. Ich habe einmal darüber bald die Nase eingebüßt, als man schnell die Thüre aufmachte.

Kathrine. Nehm er sich in Acht, Kasper! daß ihm nicht wieder so ein Unglück geschiehet.

Kasper. O! jetzo sehe ich allzeit erst nach, ob die Thüre auswärts, oder von innen aufgeht.

Kathrine. Da thut er wohl daran. Aber, giebt sich Laffeld nicht auch wegen des jungen Ohlden Mühe, daß er zu einem Dienst kömmt?

Kasper. Mein junger Herr soll zuvor angestellt seyn. Darum hat der Alte das Memorial zurückbehalten. Doch jetzo muß ich weiter. Ich habe noch einen Gang beym rothen Thurm. Apropo, ist es wahr, Jungfer Kathrine, daß man den rothen Thurm abbrechen will?

Kathrine. Ich habe nichts davon gehört. Was geht ihn der rothe Thurm an?

Kasper. Es ist nur wegen des Wahrzeichens von Wien, das darinn hängt. In etlichen Jahren wird man so die alte Wienstadt nicht mehr kennen, wenn sie alle alte Mauern abbrechen, und die Straßen weiter machen.

Kathrine. Da geschieht wohl gut daran. Man kann jetzo an vielen Orten kaum den Wägen ausweichen.

Kasper. Adieu indessen, mein Engel! Sobald mein Herr Fräulein Karoline heuratet, werden wir auch Brautleute.

Dreyzehnter Auftritt.

Kathrine, Siegheim.

Siegheim. Ich habe im Nebenzimmer alles mit angehöret. Der gute Mensch hat zwar nichts erzählet, das ich nicht schon vermuthete. Indessen ist mir doch lieb, daß ich es jetzo verläßlich weiß.

Kathrine. Belton hatte wohl Recht, als er den gnädigen Herrn warnte, dem alten Laffeld die Kommission nicht aufzutragen.

Siegheim. Eben Belton war heute, wegen eines andern Geschäfts, bey dem Referenten. Er bediente sich der Gelegenheit, den jungen Ohlden anzuempfehlen. Mit Erstaunen mußte er hören, daß nicht einmal eine Bittschrift in Vorschein gekommen sey. Der Referent, der den jungen Ohlden persönlich kennt, bezeigte selbst seine Verwunderung, daß dieser sich nicht gemeldet habe; wo er doch vor allen andern durchdringen würde. Wenigstens hätte er wegen des jungen Laffeld nichts zu fürchten, ob sich schon sein Vater große Mühe gebe.

Kathrine. Ha, ha, ha. Das Spendiren wird also nichts helfen. -

Siegheim. Ich wollte weder Laffeld, noch seinem Doktor Wamp, rathen, daß sie, auch nur von weiten, mit einem Geschenke, oder Versprechen, in Vorschein kämen. Ich weiß nicht, was geschehen würde. Der Referent ist sehr empfindlich.

Kathrine. Nun, ich bin begierig zu sehen, wie der Handel sich noch entwickeln wird. Wenn erst Fräulein Gertrud hört, daß die Laffelde sie hintergehen; da wird es einen Lermen absetzen. Und der alte Pillendorf, der sich schon gewiß einbildet, Karoline zu bekommen! Ha, ha, ha.

Vierzehnter Auftritt.

Die Vorigen, Karoline.

Fräulein Karoline. Du bist sehr lustig, Kathrine! Mir ist es nicht so ums Herz. Liebster Siegheim! Ich habe eben jetzo einen heftigen Sturm ausgestanden. Mein Vater verlangte schlechterdings von mir, daß ich Sie fahren lassen, und den jungen Laffeld heuraten sollte. Sie wissen, wie zärtlich ich meinen Vater liebe. Urtheilen Sie, wie hart es mir ankommen mußte, seinem Verlangen zu widerstehen.

Siegheim. (küßt ihr die Hand) Ach theuerste Karoline! Was für Dank bin ich Ihnen schuldig! Aber half denn keine Vorstellung? Machte keine Thräne einer so geliebten Tochter
einen

einen Eindruck? Denn ich sehe, Sie haben geweinet.

Fräulein Karoline. Ich konnte mich der Thränen unmöglich enthalten, als der beste, der liebreichste Vater, mich zuletzt um meine Einwilligung so gar bat. Hätte unsere Liebe nicht mit seiner Einstimmung angefangen; hätte ich mir dabey das geringste vorzuwerfen; wüßte ich nicht gewiß, daß er selbst in Kurzem meine Weigerung billigen wird — Siegheim! Ich bekenne Ihnen aufrichtig, es wäre mir nicht möglich gewesen, zu widerstehen. Zwar würde ich nie Laffeld angenommen, doch meine Neigung dem väterlichen Willen aufgeopfert haben.

Kathrine. Und das sagen Eure Gnaden ihrem Liebhaber ins Gesicht!

Siegheim. Um so schätzbarer sind Sie mir, vollkommenste Karoline! Ich selbst opferte eher das Glück meines Lebens auf, als daß ich von Ihnen verlangen wollte, Pflicht und Tugend zu verletzen.

Kathrine. Nun das bekenne ich, dergleichen Verliebte habe ich noch nicht gesehen.

Siegheim. Aber was bringt denn Herrn von Ohlden so sehr gegen mich auf?

Fräulein Karoline. Man macht ihm glauben, daß Sie unter der Hand den Dienst suchen, um den mein Bruder eingekommen ist.

Siegheim. Entsetzliche Bosheit! Und eben Laffeld, der mich so verschwärzet, er ist es selbst, der ihn für seinen Sohn sucht;

der, um seinen Zweck zu erreichen, so gar verbotener Mittel sich bedienet; der seines Freundes Vertrauen auf das schändlichste misbrauchet. Um Ihnen Nachricht davon zu geben, kam ich her.

Fräulein Karoline. Siegheim! Sie machen mir wieder Muth. Lernt mein Vater, der redliche Mann seinen falschen Freund kennen: so ist es mit den Laffelden aus; so bricht er auf ewig mit ihnen. Er hat mir drey Tage Bedenkzeit gegeben. Bis dahin, muß sich die Sache aufklären.

Siegheim. Ich hoffe noch eher. Belton, und ich, haben miteinander Abrede genommen.

Kathrine. Vater und Sohn, Tante und Nichte, Siegheim und Pillendorf, zugleich zu betrügen! das ist doch wahrhaftig zu viel.

Siegheim. Merkt Fräulein Gertrud noch nichts?

Fräulein Karoline. Nein! Sie steht völlig in der Meynung, daß ich Pillendorf heuraten soll. Mein Vater hat mir auch verboten, ihr von Laffeld noch etwas zu sagen.

Kathrine. Auch ich lasse Sie bey ihrem Glauben. Um so heftiger wird sie hernach aufgebracht seyn. Still — ich höre ihre Stimme. (zu Siegheim) Gehn Eure Gnaden, es wäre nicht gut, wenn sie uns jetzt beysammen anträfe.

Fünf=

Funfzehnter Auftritt.

Fräulein Karoline, Fräulein Gertrud, Kathrine.

Fräulein Gertrud. Nun Fräulein Nichte! Hat Siegheim wirklich seinen Abschied? Der Schmerzen wird groß seyn? Doch Gedult! Die Zeit überwindet alles.

Fräulein Karoline. Sie möchten, durch ihren Spott, mich gern noch mehr betrüben. Allein, es gelingt Ihnen nicht! Sie sehen ja, daß ich ganz gelassen bin.

Fräulein Gertrud. Wir schmeicheln uns etwa noch mit süßen Hoffnungen? Nein, mein gutes Kind! Ich sage dirs, es wird nichts daraus.

Fräulein Karoline. Nun, so lassen Sie mir wenigstens den einzigen Trost der Unglücklichen.

(sie macht der Tante eine tiefe Verbeugung, und geht ab)

Sechzehnter Auftritt.

Fräulein Gertrud, Kathrine.

Kathrine. Es ist doch grausam, daß Sie der armen Nichte dazu spotten. Denken Eure Gnaden, wie Ihnen seyn würde, wenn Sie, statt des jungen Laffeld, den alten Pillendorf heuraten sollten?

Fräulein Gertrud. Zwischen ihr, und mir, ist ein großer Unterschied. Ein so junges Ding versteht noch nicht, was heuraten ist. Das muß einen gesetzten Mann haben.

Kathrine. Wenn wird Eurer Gnaden Heurat vor sich gehen?

Fräulein Gertrud. Ganz bald. Laffeld erwartet nur noch die Resolution, wegen seiner Anstellung. Hernach wollen wir gleich zur Sache thun. Kathrine! Du mußt mir heute Nachmittag den Kaufmann mit den Stoffen herbestellen.

Kathrine. Unsern Hausherrn?

Fräulein Gertrud. Den — durchaus nicht. Nein! den Kaufmann gegenüber. Der hat lauter fremde Waaren.

Kathrine. Ich fürchte immer, er wird sie nicht lange mehr führen. Es ist ihm schon einigemal im Einschwärzen unglücklich gegangen. Dergleichen Handlungen nehmen gemeiniglich ein plötzliches Ende.

Fräulein Gertrud. So sucht man einen andern. Und wenn es keinen mehr giebt, reise ich lieber ausser Land, und bringe die Kleider gemacht herein, als daß ich von Wiener Fabrik etwas trage.

(Sie gehen beyde ab)

Ende des zweyten Aufzugs.

Dritter Aufzug

Erster Auftritt.

Das innere Zimmer.

Herr von Ohlden, Fräulein Gertrud.

Fräulein Gertrud. Wenn der Bruder Karoline nicht Pillendorf geben will, was soll denn aus ihr werden?

Herr von Ohlden. Schwester! ich habe einen Gedanken, der Dir vielleicht von Anfang wunderlich scheinen wird. Aber Du bist vernünftig. Ich weiß, wenn Du die Sache recht überlegest, Du stimmst mir am Ende selbst bey.

Fräulein Gertrud. Hören wir den schönen Gedanken!

Herr von Ohlden. Findest Du nicht, daß Laffeld für Dich zu jung ist?

Fräulein Gertrud. Zu jung! also bin ich alt? Ha, ha, ha. Etwa, weil wir Geschwister sind? Der Bruder vergißt, daß er zwanzig Jahre voraus hat. Und hernach, giebts nicht mehr Ehen, wo der Mann jünger ist?

Herr von Ohlden. Wenn der Unterschied nicht groß ist, lasse ich es gelten. Aber funfzehn Jahre!

Fräulein Gertrud. Was träumt der Bruder von funfzehn Jahren! Nicht fünfe. Doch wohin soll die lange Vorrede führen?

Herr von Ohlden. Pillendorf, dächte ich, schickte sich besser, als Laffeld.

Fräulein Gertrud (heftig) Der sechzigjährige Pillendorf! Ha, ha, ha. Mit sechzig tausend Gulden sollte ich mir einen alten Mann wählen? das nenne ich ja wohl einen wunderlichen Gedanken. Aber welcher Narr hat den Bruder darauf gebracht?

Herr von Ohlden. Nun, nun, Schwester, nicht gleich so hitzig. Für Karoline, für ein achtzehnjähriges Mädchen, war Pillendorf recht!

Fräulein Gertrud. Achtzehn Jahr, achtzehn Jahr! Als ob man nur in diesem Alter jung wäre. Nun, eben weil Karoline so jung ist, kann sie einen alten Mann heuraten. Der stirbt bald; er setzt sie zur Erbin ein: alsdenn sucht sie sich einen andern nach Belieben aus.

Herr von Ohlden. Das sind ungewisse Zufälle, auf die man nicht rechnen darf. Und bis dahin, welch harter Stand für ein junges blühendes Mädchen!

Fräulein Gertrud. Auch ich habe keine Lust, mich solchem auszusetzen.

Herr

Herr von Ohlden. Aber Schwester! achtzehen, und acht und dreyßig Jahre!

Fräulein Gertrud. (Heftig) Was acht und dreyßig Jahre! Warum nicht hundert? Von wem kömmt der abgeschmackte Vorschlag? Ich will es wissen. Der Bruder muß mirs bekennen.

Herr von Ohlden. Ich habe Dir schon gesagt, daß es nur ein Gedanken von mir ist.

Fräulein Gertrud. Das glaube ich nicht. Es steckt etwas anders dahinter. Und wen soll der junge Laffeld heuraten?

Herr von Ohlden. Nun, ich meinte, daß sich der für Karoline schicken würde.

Fräulein Gertrud. (Sehr heftig) Was? für Karoline! So sollte mir das Mädgen noch gar meinen Liebhaber wegnehmen? Blos dazu hätte ich Siegheims Heurat hintertrieben? Das ist zu toll. Sind etwa die Laffelde....? Das wäre erschrecklich! Nein! ich kann es nicht glauben. — —

Herr von Ohlden. (Fällt ihr in die Rede) Schwester! Laß dich doch besänftigen! höre mich an!

Fräulein Gertrud. (Noch immer heftig.) Nein! Ich höre nichts, ich sehe nichts. Ich muß innen werden, von wem der Streich herrührt.

(geht zornig ab)

Zweyter Auftritt.

Herr von Ohlden allein.

Ich bin übel angekommen. Wenn sie erst etwas von der Donation wüßte. Wäre ich bey meinem ersten Gedanken geblieben, befände ich mich jetzo nicht in der Verlegenheit. Da kömmt zum Glück Laffeld. Der allein kann mir heraus helfen.

Dritter Auftritt.

Herr von Ohlden, Laffeld Vater.

Laffeld. V. Was fehlt Fräulein Gertrud? Sie geht vor mir, mit zornigen Blicken, und ohne ein Wort zu sprechen, vorbey. Haben Sie ihr schon Unseren Plan eröffnet?

Herr von Ohlden. Ich brachte nur Diskursweise vor, daß Pillendorf sich besser für sie schickte. Da war schon Feuer in allen Ecken.

Laffeld V. Sie weiß doch nicht, daß der Vorschlag von mir herrühret?

Herr von Ohlden. Gesagt hab ich ihr nichts. Es war genug, daß ich von der Heurat Ihres Sohns mit Karolinen Meldung that. Gleich schöpfte sie Argwohn.

Laffeld V. Ja, ja, einem Frauenzimmer, von gewissen Jahren, den einzigen Liebhaber ent=

entziehen wollen, ist eben so viel, als einer Löwin die Jungen rauben. Doch machen Sie sich keine Sorge. Mit der Zeit wird sich Fräulein Gertrud schon geben. Wenn sie gar nicht heuratet, ist es um so besser.

Herr von Ohlden. Wie werden wir aber, wegen der Donation, ihr die Sache beybringen?

Laffeld V. Mir fällt etwas ein. Pillendorf hofft noch immer, daß er Karoline bekommen wird. Ich habe ihm erst zuvor wieder versprechen müßen, daß ich für ihn das Wort reden wollte. Wie wäre es, wenn wir den das Eis brechen ließen. Er geht gewiß blind darein, weil es Karolinens Vortheil ist.

Herr von Ohlden. Aber Laffeld! Das heißt ja, den guten Mann hinters Licht führen. Ich nehme keinen Theil daran.

Laffeld V. Laßen Sie mich nur machen. Er ist gemeiniglich um diese Zeit bey dem Kaufmann gegen über, hernach kömmt er hieher. Ich gehe geschwind ihn aufzusuchen.

Herr von Ohlden. Thun Sie, was Sie wollen. Welche Verwirrung!

(Beyde gehen von verschiedenen Seiten ab)

Vierter Auftritt.

Fräulein Gertrud, Kathrine.

(Kommen von der Seite herein, wo Laffeld hinaus gegangen ist)

Kathrine. Ha, ha, ha. Was der Alte für einen tiefen Bückling machte! Kaum getrauete er sich, Eure Gnaden anzusehen. So gehts den Leuten, die kein gut Gewißen haben.

Fräulein Gertrud. Der abscheuliche Mann! wenn das wahr ist, was du mir sagst.

Kathrine. Ich habe nicht den zehnten Theil erzählen können. Es wird von selbst alles an Tag kommen. Er betrügt nicht allein Eure Gnaden und Pillendorf, sondern auch den gnädigen Herrn.

Fräulein Gertrud. Jetzo begreife ich, warum er mich immer gegen Siegheim aufzubringen suchte. Bald war Siegheim ein Freygeist, bald führte er ein liederliches Leben; bald hatte er über den Bruder und mich gespottet. Das zielte alles dahin ab, seinem Sohn den Weg zu bahnen.

Kathrine. Wer von andern hinterrücks übel redet, thut es selten ohne Absichten. Dergleichen Zuträger sollte man gar nicht anhören; und doch finden sie nur allzuleicht Glauben.

Fräu-

Fräulein Gertrud. Von dem jungen Laffeld kann ich mir doch nicht einbilden, daß er mit verstanden seyn solle. Er hat zwar nicht des Vaters verschlagenen Kopf, aber ein besseres Gemüth. Und so viele Betheurungen, die er mir ohne Unterlaß von seiner Liebe macht!

Kathrine. Auf die Betheurungen der Mannspersonen läßt sich nicht allezeit bauen. Doch Eure Gnaden können seine wahre Gesinnung ganz leicht entdecken. Ich habe ihn eben jetzo zur kleinen Seitenthüre im Hof herein kommen sehen, wo man zum gnädigen Herrn hinauf geht. Ohnfehlbar besucht er hernach Eure Gnaden. Da muß er hierdurch passiren. Ich werde ihn aufhalten. Schicken Eure Gnaden Fräulein Karoline herüber, ohne daß sie weiß, warum; und folgen ihr in das Nebenzimmer. Da können Sie alle Worte hören.

Fräulein Gertrud. Das will ich thun, ich muß einmal wißen, woran ich bin.

Fünfter Auftritt.

Kathrine, Laffeld Sohn.

Kathrine. Du wirst es bald genug erfahren. Ich höre schon die Thüre aufgehen; der junge Laffeld muß den gnädigen Herrn nicht angetroffen haben.

Laf=

Laffeld S. (Von der Seite, wo Herr von Ohlden hineingegangen) Herr von Ohlden muß ausgegangen seyn. Ich finde ihn nicht in seinem Zimmer, und das Kabinet ist auch versperrt.

Kathrine. Vielleicht ist er bey dem jungen Herrn. Er sieht oft nach, was der macht.

Laffeld S. Das wäre mir nicht gelegen, wenn mein Vater so oft nach mir sähe. Ich lobe mir die jetzige Mode, wo man sich wenig um die Kinder bekümmert.

Kathrine. Sie sind doch sonst immer für das Alte?

Laffeld. S. In gewißen Stücken. Daß man nicht so viel studiren durfte; daß die Prüfungen nicht so scharf waren; daß man leichter ankommen konnte.

Kathrine. Ja, ja ich merke schon, ein jeder lobt, oder tadelt, nach seinen Absichten und Umständen. Der am Brete sitzt, dem alles nach Wunsch geht; den wird man über die Zeiten nicht schmählen hören. Aendern sich aber die Aspekten; stellt sich Unglück ein; wird man noch dazu alt, kränklich, verdrüßlich: O! Da fängt das Wehklagen an. Da schreyt man über die böse Welt. Da geht alles zu Grund.

Laffeld S. Vortreflich Kathrine! besonders beym Frauenzimmer, wenn die Jugendblüte verwelkt, wenn die Liebhaber sich nach retiriren. Ha, ha, ha.

Kathrine. Eure Gnaden sind schlimm. Doch, da sehe ich Jemand kommen, der von

die=

diesem traurigen Zeitpunkt noch weit entfernt ist. Ich glaube, Sie haben nichts dagegen, wenn ich Sie allein lasse.

(Kathrine geht ab, nachdem Fräulein Karoline herein getreten)

Sechster Auftritt.

Fräulein Karoline, Laffeld Sohn.

Fräulein Karoline. Sind Sie hier? Tante Gertrud sagte mir, daß mein Vater nach mir gefragt hätte.

Laffeld S. Herr von Ohlden ist nicht in seinem Zimmer. Fräulein Gertrud verschaft mir also selbst das Glück, Eure Gnaden allein zu sprechen! (Er küßt ihr die Hand)

Fräulein Karoline. Was haben Sie mir zu sagen?

Laffeld S. Was ich zu sagen habe? Erinnern sich Eure Gnaden nicht mehr dessen, was ich Ihnen heute von dem nahen Anschein unserer Verbindung meldete.

Fräulein Karoline. Ich habe es nur für Scherz aufgenommen. Wie, Laffeld! könnten Sie wohl meiner Tante untreu werden: Und würden Sie es, könnte ich jemals in Sie ein Vertrauen setzen?

Laffeld S. Schönste Karoline! Ich liebte Fräulein Gertrud nie. Die Heurat mit ihr, war blos ein Plan meines Vaters. Ich ließ mir ihn gefallen. Allein, kaum traten

Sie aus dem Kloster, kaum sahe ich Sie, da schoß Kupido den schärfsten seiner Pfeile in mein Herz, da empfand ich erst, was Liebe sey.

Fräulein Karoline. Vergeßen Sie nur nicht den Zeitpunkt von meines Onkels Erbschaft.

Laffeld S. Daß doch Eure Gnaden mich noch immer für intereßirt halten. Kann wohl zwischen Ihnen, und Fräulein Gertrud, eine Vergleichung seyn? zwischen dem Frühling und Herbst? zwischen einer aufblühenden und einer halb verwelkten Rose?

Fräulein Karoline. Laffeld! Sie beleidigen meine Tante und mich. Ich bin nicht von der Zahl jener Frauenzimmer, deren Gunst man durch Verachtung ihrer Nebenbuhlerinnen erwirbt. Blühe ich jetzo, so erinnere ich mich, daß es nicht immer dauern wird. Und hernach, ist Fräulein Gertrud ja auch noch liebenswürdig.

Laffeld. S. Ja, wenn sie Karolinens sanftes, einnehmendes Wesen hätte. Aber ihr hitziger wunderlicher Kopf...

Siebenter Auftritt.

Die Vorigen. Fräulein Gertrud.

Fräulein Gertrud. (Schnell hereintretend, und im größten Zorn) Unwürdiger! ists nicht genug, auf die schändlichste Art betrügen?
Muß

Muß auch noch geläſtert ſeyn? Da ſteht ſie vor Dir, die Perſon, deren Reitzungen verwelkt ſind, die Du nie geliebt haſt, deren Kopf ſo wunderlich iſt. Sie hat alles angehört. Verantworte Dich jetzo, wenn Du kannſt.

Laſſeld. S. (furchtſam) Gnädiges Fräulein – – – es war nicht – – – ich glaubte nicht – – –

Fräulein Gertrud. Ja freylich, glaubteſt Du mich nicht ſo nahe. Da ſteht er jetzo ſtumm, halb verſteinert, der Betrüger!

Fräulein Karoline. Sie meynen vielleicht, Laſſeld! daß Tante Gertrud, und ich, uns verabredet hatten. Sie irren ſich. Ich wußte nicht einmal, daß Sie hier wären, noch weniger, daß die Tante mir auf dem Fuß nachfolgte.

Laſſeld S. Nein, ſchönſte Karoline! Sie ſind keiner dergleichen Verſtellung fähig. – – –

Fräulein Gertrud. Der abſcheuliche, redet noch von Verſtellung! Wer hat ſich mehr verſtellt, als eben Du! Wer ſagte noch heute, daß er allein meine Perſon liebte, daß ſeine Zärtlichkeit nur mir gewidmet ſey! Schändlicher Betrüger!

Laſſeld S. (zu Fräulein Gertrud) Nun, weil Sie denn alles wiſſen, weil Sie allen Ihren Zorn gegen mich ausſchütten: ſo will ich Ihnen aufrichtig geſtehen, daß ich ſchon lang Fräulein Karoline ingeheim anbete, und daß ich, ohngeachtet aller Ihrer Widerſetzung, in meiner Liebe glücklich zu ſeyn hoffe.

Fräu=

Fräulein Gertrud. Ha, ha, ha. Schmeichle Dir nur! Eher als das geschieht, wird Verstand in Deinen leeren Kopf, und Ehrlichkeit in Deines Vaters Herz kommen. (Höhnisch, mit einer tiefen Beugung) Ich gehe zu meinem Bruder, um das Vorwort einzulegen.

Achter Auftritt.

Fräulein Karoline. Laffeld Sohn.

Laffeld S. Ha, sie mag nur gehen. Sie weiß nicht, daß Herr von Ohlden, und mein Vater verstanden sind. Das ist aber doch ein verzweifelter Streich, daß sie alles angehöret hat.

Fräulein Karoline. Lassen Sie sichs zur Warnung dienen, Laffeld! Reden Sie von niemand übel, hintergehen Sie niemand: so mag die ganze Welt ihre Gespräche anhören.

Laffeld S. In der Liebe ist schon noch ein kleiner Betrug erlaubt.

Fräulein Karoline. Am allerwenigsten. Der Gegenstand ist zu ernsthaft. Sie machen einer Person, die an Sie nicht denkt, die vielleicht andere Absichten, andere Hoffnungen hat, Liebesanträge! Sie schmeicheln sich bey ihr ein; sie glaubt Ihnen; und wie leicht thun wir Frauenzimmer es nicht! Hernach, wenn Sie die Unglückliche in ihr Netz verstrickt haben, treten sie zurück, und stellen sich, entweder als einen Leichtsinnigen, oder als einen

Betrüger dar. Kann wohl eine größere Beleidigung seyn?

Laffeld S. Was für ein Eifer! und doch, haben Eure Gnaden nichts dergleichen zu befürchten. Ihre Jugend und Schönheit ....

Fräulein Karoline. (fällt ihm in die Rede) Eben die setzen Personen meines Geschlechts am meisten der Gefahr aus. Doch mit Ihnen werde ich mich in keiner befinden. Ich verlange nicht, der Tante ihren Liebhaber zu rauben.

Laffeld S. Machen Sie sich deswegen kein Bedenken! (er küßt ihr die Hand) Ich gehe jetzo, meinem Vater von dem Vorgefallenen Nachricht zu geben.

(geht von der andern Seite ab)

Neunter Auftritt.

Fräulein Karoline. Kathrine.

Kathrine. (von der Thüre, wo Fräulein Gertrud hineingegangen ist) ha, ha, ha. Das ist ein Lärmen in des gnädigen Herrn Zimmer. Fräulein Gertrud schilt ganz erschrecklich auf die Laffelde. Sie will durchaus haben, daß der gnädige Herr sie aus dem Hause verbannen soll.

Fräulein Karoline. Ohnfehlbar hast du es angestellt, Kathrine! daß die Tante Laffelds Reden anhören mußte.

Kathrine. Ja, ich läugne es nicht. Fräulein Gertrud hätte sonst niemals geglaubt, daß sie betrogen würde. Dem gnädigen Herrn muß es eben so gehen; sonst thut er die Augen nicht auf.

Fräulein Karoline. Ich bin froh, daß ich nichts von deinem Anschlag gewußt habe. Ich hätte gewiß mit Laffeld nicht geredet. Alles, was einem abgekarteten Handel ähnlich sieht, ist mir zuwider.

Kathrine. Eure Gnaden haben auch gar zu viel Bedenklichkeiten.

Zehnter Auftritt.

Die Vorigen. Kasper. (welcher eilig eintritt.)

Kasper. Ist der alte Herr nicht hier? Eure Gnaden vergeben, daß ich so herein trete. Ich habe eine nothwendige Post auszurichten.

Kathrine. Von wem?

Kasper. Von Doktor Wamp. Er suchte den alten Herrn zu Hause. Weil er ihn nicht antraf, schrieb er hier das Billet, und gab mir auf, es gleich zu bestellen.

Fräu=

Fräulein Karoline. Sein alter Herr kömmt bald zu meinem Vater. Er kann hier auf ihn warten, wenn er will.

Eilfter Auftritt.

Kathrine. Kasper.

Kathrine. Weiß er nicht ungefehr, Kasper, was in dem Billet stehen mag?

Kasper. Es wird etwas von des jungen Herrn Anstellung seyn. Das Billet ist schlecht versiegelt. Hier von der Seite läßt sich der Umschlag aufmachen. Allein, was hilfts? Ich kann nicht recht Geschriebenes lesen.

Kathrine. Ich merke Kasper! so, wie er gern horcht, ließt er auch gern fremde Briefe.

Kasper. Ja, wenn es seyn kann. Ich habe einmal über ein Billet, daß ich bestellte, einen Rücken voll Schläge zum Trinkgeld bekommen. Seit der Zeit bin ich immer begierig, vorher den Inhalt zu wissen. Kann Sie lesen Kathrine?

Kathrine Pfui! das wäre eine Schande, wenn eine Kammerjungfer nicht lesen könnte. Gedrucktes, Geschriebenes, was er will.

Kasper. (eröfnet den Umschlag von der einen Seite, und zieht das Billet heraus) Lesen wir also zusammen das Billet.

Kathrine. Nun das iſt eben nicht gar ſchön. Doch, weil er ſchon einmal den Umſchlag aufgemacht hat, will ichs thun. (ſie ließt.)

„ Ich ſchreibe Ihnen in aller Eil eine üble
„ Zeitung, die ich mündlich überbringen
„ wollte. Heute nachmittag kam ich bey dem
„ Referenten vor. Nach einem künſtlichen Um-
„ ſchweif, wie wir ihn in dergleichen Gele-
„ genheiten zu machen pflegen, ließ ich etwas
„ von der Erkenntlichkeit einfließen, die Sie
„ werkthätig bezeugen würden, wenn Ihr
„ Herr Sohn zu dem bewußten Dienſte ge-
„ langte. Ich hatte dabey die Hand im Sack,
„ und gab zu erkennen, daß ich nicht leer ge-
„ kommen wäre. Der Referent that, als
„ ob er nichts verſtünde. Das machte mich
„ dreiſt. Ich zog den geſtickten Beutel mit
„ den 500. Dukaten heraus, und legte ihn
„ ganz ſtill auf den Schreibtiſch. Der Refe-
„ rent, ohne ein Wort zu reden, klingelte ſei-
„ nem Koncipiſten. Als der in das Zimmer
„ trat, ſagte er: Herr Doktor Wamp! ich
„ laſſe meinen Koncipiſten kommen, damit er
„ ein Zeuge von dem ſeyn möge, was zwiſchen
„ uns vorgehet. Iſt dieſer Beutel nicht von
„ Ihnen? Haben Sie ihn nicht jetzo auf
„ meinen Schreibtiſch gelegt? Was ſollte ich
„ antworten? Ich war ganz betroffen, ich
„ konnte es nicht läugnen. In welcher Ab-
„ ſicht, fuhr er fort, ſind Sie zu mir gekom-
„ men? Um den jungen Laffeld in ſeinem Ge-
„ ſuch

„ ſuch anzuempfehlen, war meine Antwort.
„ Gut, ſagte der Referent, es iſt ſchon lang,
„ daß ich von Ihnen höre, daß Sie eine be=
„ ſondere Geſchicklichkeit in Anempfehlung der
„ Geſchäfte beſitzen. Ich erfreue mich, daß
„ ich einmal einen Beweis davon in Händen
„ habe. Wahr iſt's, daß Sie dadurch eben
„ keinen gar vortheilhaften Begriff von mei=
„ ner Denkungsart an Tag legen. Allein,
„ davon werden wir zu rechter Zeit, und am
„ rechten Ort, reden. Jetzo rathe ich Ih=
„ nen nur, daß Sie ſich aus meinem Hauſe
„ packen, und nicht wieder darinn erſcheinen.
„ Stellen Sie ſich vor, Laffeld! wie mir zu
„ Muthe war; wie mir noch jetzo angſt und
„ bange iſt. Nicht allein für mich, ſondern
„ auch für Sie, für Ihren Sohn. Schaffen
„ Sie Rath, wie es immer ſeyn kann. Wamp.
Das lautet übel.

Kaſper. Der Henker! das habe ich mir immer vorgeſtellt, daß es einmal ſo ein Ende nehmen würde. Mit des jungen Herrn An= ſtellung ſieht es gefährlich aus. Machen wir das Billet wieder zu. Nur Licht und Siegel= wax. Kein Menſch ſoll etwas merken.

Kathrine. Mein guter Kaſper! Er und ſein alter Herr, ſind faſt gleichen Schlags.

(beyde gehen ab.)

Zwölfter Auftritt.

Fräulein Gertrud. Pillendorf.

Fräulein Gertrud. (Von der andern Seite herein kommend.) Ja, ja, der Bruder wird es schon zeitig genug erfahren, was hinter den Laffelden verborgen steckt.

Pillendorf. Gehorsamster Diener, gnädiges Fräulein! Ihnen aufzuwarten, komme ich her.

Fräulein Gertrud. Haben Sie etwas mit mir zu sprechen.

Pillendorf. Ich höre eben jetzo von dem jungen Laffeld, daß Eurer Gnaden Heurat zurück geht.

Fräulein Gertrud. Erzählte er Ihnen die Ursach?

Pillendorf. Er hatte keine Zeit sich aufzuhalten. Ich war auch eben nicht sehr darüber betroffen, nach dem, was ich schon von seinem Vater, und von Herrn von Ohlden, gehört hatte. Eure Gnaden haben Recht. In gewissen Jahren ist für Fräulein der ledige Stand der beste Theil.

Fräulein Gertrud. (heftig) Was wollen Sie mit gewissen Jahren sagen?

Pillendorf. Nun, ich meyne, wenn man schon gegen, oder in die Vierzig kömmt.

Fräulein Gertrud. (heftig) Wer kömmt in die Vierzig?

Pil-

Pillendorf. Wer? nun Eure Gnaden sind ja nicht mehr weit davon.

Fräulein Gertrud. (heftig) Wenn vierzig Hundstäge wären, würde ich ihnen antworten, daß Sie schon darinnen sind.

Pillendorf. Seyn Eure Gnaden doch nicht gleich so aufgebracht. Alter ist ja keine Schande. Ich gestehe es aller Welt, daß ich ein Sechziger bin. Eure Gnaden haben noch zwanzig Jahre vor sich. Was ich sagen wollte, war nur, daß Eure Gnaden sich, von nun an, einen Plan zu einem ruhigen Leben machen sollten. Wie wäre es, wenn Eure Gnaden Karolinen Ihr Vermögen versicherten? Sie könnten sich dabey alles, was Sie nur selbst wollen, ausbedingen. Karoline, und ihr Bräutigam, werden sich alle Bedingnißen gefallen laßen.

Fräulein Gertrud. Pillendorf! ich weiß nicht, soll ich über Ihren einfältigen Antrag mich erzürnen, oder lachen? Bekennen Sie die Wahrheit, er rührt nicht von Ihnen her?

Pillendorf. Der Gedanken ist ja ganz natürlich, für eine Person, die ledig bleiben will. Doch, weil ohnehin mit Laffeld die Heurat zurück geht, brauche ich Eurer Gnaden kein Geheimniß daraus zu machen, daß sein Vater mir an Hand gab, die Sache vorzubringen.

Fräulein Gertrud. Der alte Laffeld! ha, ha, ha.

Pillendorf. Ja nun, der alte Laffeld! kein anderer, als er. Eure Gnaden können es sicher glauben. Er sagte mir, daß Herr von Ohlden, auf sein Zureden, nunmehr sich ganz geneigt bezeigte, mir Karoline zu geben. Und da vermuthlich seines Sohns Heurat mit Eurer Gnaden sich zerschlagen dürfte, so möchte ich die Gelegenheit ergreifen, Eure Gnaden zu einer Donation zu bereden. Für seine Braut sorgt man gern, und Eurer Gnaden gereicht die Sache zu keinem Nachtheil. Allenfalls können Sie ja die Klausel beysetzen: ausser ich entschlöße mich noch zu einer Heurat.

Fräulein Gertrud. Armer Pillendorf! wie man Sie zum besten hat. Hören Sie also, daß Laffeld Karoline für seinen Sohn begehrt; daß eben er meinen Bruder abhält, sie Ihnen zu geben; daß, wenn wir nicht alle unsere Kräfte dagegen anwenden, der junge Laffeld Karoline gewiß bekömmt, vielleicht schon morgen der Heuratskontrakt ausgefertiget wird.

Pillendorf. O, die Erzbetrüger! das ist erschrecklich. Sich meiner zu bedienen, wie der Aff der Katze, als er die Kastanien nicht selbst aus der Glut ziehen wollte. Schon diesen Morgen schöpfte ich Argwohn; ich unterdrückte ihn aber: denn wer hätte wohl eine solche Bosheit vermuthen können! Ja, gnädiges Fräulein! wir wollen alles thun, um die Anschläge der Falschen zu hintertreiben. Ich eile zu Herrn von Ohlden, um ihm die Laffelde in ihrer wahren Gestalt abzumalen. Ich weiß
Strei=

Streiche von dem Alten, über die er erstaunen wird.

(Pillendorf geht auf der Seite ab, wo Fräulein Gertrud herausgekommen ist.)

Dreyzehenter Auftritt.

Fräulein Gertrud, Fräulein Karoline.

Fräulein Karoline. (von der andern Seite herein tretend) Nun Fräulein Tante! erkennen Sie jetzo Siegheims Unschuld?

Fräulein Gertrud. In so weit, daß ich von allem dem nichts mehr glaube, was die Laffelde gegen ihn vorgebracht haben. Deshalben steht er aber noch nicht bey mir in Gnaden. Sein Karakter bleibt doch eigensinnig, spöttisch.

Fräulein Karoline. Auch diese üble Meynung haben die Laffelde Ihnen beygebracht. Siegheim ist die Redlichkeit, die Offenherzigkeit selbst. Dergleichen edle Gemüther beurtheilen jedermann nach sich. Nicht gewohnt, üble Ausdeutungen zu machen; andern Absichten anzudichten, wovon keinem geträumt hat; erwarten sie ein Gleiches. Erinnern Sie sich, beste Tante! daß, so oft Sie über Siegheim aufgebracht waren, allezeit eine Anmerkung der Laffelde über seine Worte dazu Anlaß gab. Gewisse Punkten durfte er nur

von fern berühren, so deutete man gleich mit
Minen, daß es auf Eure Gnaden, oder auf
meinen Vater, gienge.

Fräulein Gertrud. Wenn ich auch auf
Siegheims Seite träte, würde es nichts hel=
fen. Dein Vater ist von den Laffelden ganz
bezaubert. Sie haben ihm sogar beygebracht,
daß Siegheim sich ingeheim um jenen Dienst
bewerbe, den er für deinen Bruder sucht.

Fräulein Karoline. Hier kömmt jemand,
der Siegheim rechtfertigen wird.

Vierzehnter Auftritt.

Fräulein Gertrud. Fräulein Karoline.
Herr Belton.

Belton. (zu Fräulein Gertrud) Nunmehr
bin ich im Stand, Eure Gnaden und Herrn
von Ohlden zu überzeugen, wie schändlich Sie
von den Laffelden hintergangen werden.

Fräulein Gertrud. Bey mir braucht es
keines Beweises, ich habe selbst Proben davon.

Belton. Was ich weiß, übertrift alles,
was Sie sich vorstellen können. Zu eben der
Zeit, wo Siegheim beschuldiget wird, daß er
dem jungen Ohlden im Weg stehe, sind sie,
die Laffelde, es selbst, die den Streich spielen.
Allein, er ist ihnen übel gelungen.

Fünf=

Fünfzehnter Auftritt.

Fräulein Gertrud. Fräulein Karoline. Belton. Herr von Ohlden, Pillendorf. (diese beyde kommen zusammen heraus, wo vorher Pillendorf hineingegangen ist.

Pillendorf. (zu Herrn von Ohlden) Wenn Sie mir nicht glauben wollen, beruffe ich mich auf Fräulein Gertrud.

Fräulein Gertrud. Ich bilde mir ein, wovon die Rede ist. Da hat der Bruder noch einen bessern Zeugen. (auf Belton weisend.)

Belton. (zu Herrn von Ohlden) Ich will Ihnen mit wenig Worten melden, was sie bald mit allen Umständen erfahren werden. Laffeld, der ehrliche Mann, der aufrichtige Freund, hat ihres Sohns Memorial unterschlagen, und, durch Bestechung, für seinen eigenen Sohn den Dienst zu erschleichen gesucht. Ich komme von dem Referenten her. Die Sache ist schon angezeigt. Man wird nach aller Schärfe des Patents vorgehen, weil Laffeld, der Vater, und sein würdiger Vertrauter, Doktor Wamp, schon lang im schwarzen Register stehen. Auch der junge Laffeld wird Verdruß haben. Wenigstens kömmt er nicht eher zu einem Amt, als bis er noch alles lernt, was nach den neuen Verordnungen erfordert wird.

Sechzehnter Auftritt.

Die Vorigen, Herr von Siegheim.

Siegheim. (Zu Herr von Ohlden) Da ich Herrn Belton antreffe, so werden Sie ohne Zweifel die Neuigkeit schon wissen, weshalb ich herkomme. Er war kurz vor mir bey dem Referenten. Doch habe ich noch etwas zu hinterbringen.

Herr von Ohlden. Was, mein lieber Siegheim?

Siegheim. Daß Ihr Herr Sohn ganz sicher auf den erledigten Dienst rechnen darf. So bald ich vernahm, daß Laffeld das Memorial unterschlagen hätte, setzte ich, um die Zeit zu gewinnen, selbst ein anderes auf, und brachte es dem Referenten. Er war recht erfreut darüber, und vertraute mir, daß unter allen Kompetenten keiner wäre, der Ihrem Herrn Sohn, an Geschicklichkeit, und andern Eigenschaften, gleich käme. Er müsse also, nach Pflichten, für ihn einrathen, und, da der Hof blos auf Verdienste gehe, glaube er, in voraus Glück wünschen zu können.

Herr von Ohlden. Und das thaten Sie, Siegheim? zu der Zeit, als ich in Sie das gröste Mißtrauen setzte?

Siebenzehnter Auftritt.

Die Vorigen. Kathrine von der Seite, wo Belton und Siegheim eingetreten.

Kathrine. Die beyden Laffelde sind im Vorzimmer.

Fräulein Gertrud. Was! die Unwürdigen, die Abscheulichen! unterstehen sich noch......

Kathrine. Sie werden schwerlich herein kommen. Kasper hat ihnen jetzo ein Billet von Doktor Wamp zugestellet, worüber sie ganz ausser sich sind. Der Junge sagte traurig: Da haben wirs! Nun sitze ich zwischen zween Stühlen. Weder Karoline noch Gertrud; weder des jungen Ohlden, noch ein anderes Amt! Der Alte schlug sich vor die Stirne, und warf sich, ohne ein Wort zu reden, auf einen Sessel.

Pillendorf. So gehts allen Betrügern. Schaam, und späte Reue, ist ihr Lohn.

Achtzehnter Auftritt.

Die Vorigen, Kasper.

Kasper. Meine beyde Herren laßen sich entschuldigen. Sie waren schon hier um ihre Aufwartung zu machen. Es ist ihnen aber etwas so dringendes vorgefallen, daß sie gleich haben nach Haus gehen müßen.

Herr

Herr von Ohlden. Sag er ihnen nur Kasper, daß ich sie auf immer entschuldigt halte.

Fräulein Gertrud. Und in meinem Namen sag er ihnen, daß, wenn sie sich wieder im Hause sehen laßen, sie die Treppe geschwinder hinab, als herauf kommen werden.

Kasper. (zu Kathrine) Mich wird sie doch nicht so empfangen, Jungfer Kathrine?

Kathrine. Mit ihm hat es auch ein Ende. Ich mag keinen Mann, der an der Thüre horcht, und Briefe aufzumachen weiß.

Kasper. (im Weggehen) Ja, ja, ich merke schon, Siegheims Johann steckt ihr im Kopf. Das Fräulein nimmt den Herrn, die Jungfer den Bedienten. Adieu Falsche, Wankelmuthige!

Neunzehnter Auftritt.

Alle Vorigen auſſer Kasper.

Pillendorf. Laffelds Bedienter spricht aus, daß Siegheim Karoline heuraten soll. Ich gebe selbst meine Stimme dazu. Er verdient sie.

Fräulein Gertrud. Auch ich Bruder! Wir haben Siegheim Unrecht gethan.

Siegheim. (Küßt Fräulein Gertrud die Hand) Eure Gnaden ersetzen alles durch ihre Einwilligung. (zu Herrn von Ohlden) Und Sie, mein

mein theuerster Herr von Ohlden! Darf ich Sie Vater nennen?

Fräulein Karoline. Ja, Sie dürfen es. Die edle Denkungsart meines Vaters, seine Zärtlichkeit gegen mich, sind mir Bürgen dafür. (Herrn von Ohlden die Hand küßend) O! ich lese schon unser Glück in Ihren Augen. Bester Vater! entscheiden Sie es.

Herr von Ohlden. Ja Kinder! Ich will es thun. Ich war längst dazu entschlossen. Kommt, umarmet mich. (Er umarmt Siegheim und Karoline, die ihm die Hände küßen)

Belton. Endlich, Siegheim! empfangen Sie den Lohn Ihrer Redlichkeit. Und Sie, Ohlden! erkennen jetzt, daß, ohne eines der neuen weisen Gesetze, der Betrüger triumphirte.

Herr von Ohlden. Ich gestehe, daß mein Vorurtheil zu weit gieng. Laffelds Bestrafung, der Trost, daß es noch wahre Freunde giebt, söhnt mich wieder mit den jetzigen Zeiten aus.

Belton. Werther Freund! die Zeiten bleiben sich immer gleich. Eine Abwechslung glücklicher und widriger Begebenheiten. Den stärksten Einfluß in beyde haben die Eigenschaften der zusammen lebenden. Seyn wir redlich, tugendhaft, gute Bürger: so werden unsere Nachkommen mit Grund sagen: Vormals waren gute Zeiten!

Ende des Lustspiels.

www.ingramcontent.com/pod-product-compliance
Lightning Source LLC
Chambersburg PA
CBHW032243080426
42735CB00008B/985